Maria Miclescu

Die spanische Universität in Geschichte und Gegenwart

Studien und Dokumentationen
zur vergleichenden Bildungsforschung

Herausgegeben von Wolfgang Mitter

Deutsches Institut für
Internationale Pädagogische Forschung

Band 33

Maria Miclescu

Die spanische Universität in Geschichte und Gegenwart

Eine Untersuchung des Autonomie-Problems

in Kommission bei

Böhlau Verlag Köln Wien 1985

CIP-Kurztitelaufnahme der Deutschen Bibliothek

Miclescu, Maria:
Die spanische Universität in Geschichte und Gegenwart: e. Unters. d. Autonomie-Problems / Maria Miclescu. – Köln; Wien: Böhlau, 1985.

(Studien und Dokumentationen zur vergleichenden Bildungsforschung; Bd. 33)
ISBN 3-412-02385-X

NE: GT

Druck: Deutsches Institut für Internationale Pädagogische Forschung, Frankfurt a.M.
Buchbinderische Verarbeitung: Josefsheim Bigge, Olsberg

Printed in Germany
ISBN 3-412-02385-X

VORWORT DES HERAUSGEBERS

Nach ihrer 1982 veröffentlichten Studie über die "Bildungsreform in Spanien 1970-1980" (Studien und Dokumentationen zur vergleichenden Bildungsforschung, Band 23) legt Maria Miclescu hiermit die erste Untersuchung ihres laufenden Projekts vor, das gegenwärtige Reformen und Reformversuche im spanischen Hochschulwesen zum Gegenstand hat. Sie ist der "Autonomie" gewidmet, die in der gegenwärtigen spanischen Universitätspolitik zentrale Bedeutung hat. In der Verfassung vom Jahre 1978 ist die "Autonomie" der spanischen Universitäten anerkannt, doch ist die Umsetzung dieses Verfassungsgrundsatzes in die Universitätspraxis mit vielen Schwierigkeiten und Hemmnissen verbunden, denen kontroverse Interpretationen des Autonomiebegriffs zugrunde liegen. Um diese Problemlage im Spiegel der jüngsten Bildungsgeschichte zu verdeutlichen, hat Maria Miclescu die beiden hierfür grundlegenden Rechtsdokumente einer eingehenden Analyse unterzogen, nämlich das Bildungsgesetz vom 4. August 1970 und die Ley Orgánica (Grundgesetz) Nr. 11 vom 25. August 1983.

Bei dem Versuch, die kontroversen Auslegungen und Anwendungen der gegenwärtigen Gesetze und Rechtsverordnungen auf ihre Motive hin zu befragen, stieß die Verfasserin auf die im "traditionsbewußten Spanien" verbreitete Orientierung an der Vergangenheit, insbesondere an der "Glanzzeit" der Universität vom 13. bis zum 16. Jahrhundert. Diese - für das Verständnis der gegenwärtigen Diskussion unmittelbar relevante - Erkenntnis hat sie zu der historischen Untersuchung angeregt, welche den ersten Teil dieser Studie bildet und den der Gegenwart gewidmeten zweiten Teil einleitet und zugleich untermauert.
Über ihren Platz in der Analyse der gegenwärtigen spanischen Universitätsreform hinaus sehe ich den Sinn dieser Veröf-

fentlichung in ihrem Beitrag zur Diskussion einer Frage, die in der Universitätsgeschichte Europas im allgemeinen und Deutschlands im besonderen verankert ist. Maria Miclescus Bemerkung, daß der kürzlich vollzogene Eintritt Spaniens in die Europäische Gemeinschaft die Aktualität der Studie unterstreicht, möchte ich bekräftigen.

Die Verfasserin und der Herausgeber wissen sich den spanischen Universitäten und Forschungsinstituten verpflichtet, die bereitwillig Materialien, die in der Bundesrepublik Deutschland nicht zugänglich sind, zur Verfügung gestellt haben. Den an diesen wissenschaftlichen Institutionen tätigen Kollegen gilt der aufrichtige Dank für dieses sichtbare Zeichen einer deutsch-spanischen Zusammenarbeit in der vergleichenden Bildungsforschung. Besonders zu danken haben wir auch Barbara Launer für die umsichtige Anfertigung der Entwürfe und des druckreifen Gesamtmanuskripts.

Frankfurt am Main, den 1. Juli 1985

Wolfgang Mitter

INHALTSVERZEICHNIS

Seite

EINFÜHRUNG 1

TEIL I: SPANISCHE UNIVERSITÄTSGESCHICHTE IM ÜBERBLICK 5

1. Autonomie als Tradition 5
2. Auf dem Weg zur Zentralisierung der Universitäten 21
3. Das 19. Jahrhundert und seine sechs Verfassungen 25
4. Das 20. Jahrhundert bis zur Bildungsreform der siebziger Jahre 48
4.1 Autonomiebestrebungen für die Universität 48
4.2 Die Diktatur Primo de Riveras 52
4.3 Die Zweite Republik 55
4.4 Nach dem Bürgerkrieg 56

TEIL II: DIE AUTONOMIE DER SPANISCHEN UNIVERSITÄT 1970 UND 1983. EIN VERGLEICH 67

1. Einführende Bemerkungen 67
2. Juristischer Status und Satzungshoheit der Universität 69
3. Leitung der Universität 71
4. Lehrkräfte 80
5. Auswahl und Partizipation der Studenten 89
6. Lehre, Forschung, Titelvergabe 97
7. Zusammenfassende Bemerkungen 101

ANMERKUNGEN 104

ANHANG 113

BIBLIOGRAPHIE 154

EINFÜHRUNG

Vor drei Jahren veröffentlichte ich einen Aufriß der spanischen Bildungsreform im Zeitraum von 1970 bis 1980. Die vorliegende Studie gilt der Autonomie der Universität. Beide Arbeiten wurden im Blick auf den Beitritt Spaniens zur Europäischen Gemeinschaft verfaßt. In einer weiteren Untersuchung soll die Wechselwirkung zwischen Hochschule und Beschäftigungssystem in Spanien dargestellt werden.

Der Eintritt Spaniens in die Europäische Gemeinschaft hat die Beziehung dieses Landes zu Europa ins Blickfeld der Öffentlichkeit gerückt. Die Geschichte dieser Beziehung hat zwei Aspekte: die Spaniendiskussion in Europa und die Europadiskussion in Spanien. Das Interesse der Europäer an Spanien war bis in die jüngste Zeit schwankend zwischen leidenschaftlicher Anteilnahme und Distanz.Die geographische Randstellung des Landes, sein christlich-katholisches Sendungsbewußtsein, die Bereitschaft seiner Einwohner, Konflikte bis zu äußersten Konsequenzen auszutragen, sind einige der Merkmale, die widersprüchliche Reaktionen hervorgerufen haben. So haben z.B. die französischen Aufklärer Spanien abgelehnt, die Romantiker hingegen - wobei die Rolle Herders hervorzuheben ist - zur Verklärung des Spanienbildes beigetragen.

In Spanien hat sich die Europadiskussion ebenfalls bis in die jüngste Zeit zwischen Ablehnung und Befürwortung bewegt. Dabei muß berücksichtigt werden, daß die Einstellung zu Europa auch eine Reaktion auf die jeweilige Stellungnahme der Europäer zu Spanien war. So teilte sich beispielsweise das geistige Spanien während der Identitätskrise, die das Land nach dem Verlust seiner Kolonien 1898 erschütterte. Zwei entgegengesetzte politische Lösungen wurden mit gleicher Vehemenz vertreten: die Öffnung zu Europa sowie die Abkapselung des Landes. Eine weitbekannte Persönlichkeit, wie der Schriftsteller Miguel de Unamuno, vertrat mit wenigen Jahren Abstand beide Positionen.

Aus kulturhistorischer Sicht kann man auf zahllose Verknüpfungen zurückblicken, die auf die kulturelle Einbeziehung Spaniens in den europäischen Raum schließen lassen. Erinnert sei nur an die Übernahme und Vermittlung der arabischen Kultur, an die Übernahme des Humanismus und Neuplatonismus aus Italien oder auf den Einfluß des Don Quichote und der spanischen Romanzendichtung auf die deutsche Romantik. Auf philosophischer Ebene sei z.B. auf die Rezeption des deutschen Philosophen Karl Christian Krause hingewiesen. Dieser in Deutschland eher unbekannte Schüler Fichtes und Schellings hat in der zweiten Hälfte des 19. Jahrhunderts in Spanien eine ausschlaggebende Rolle gespielt.

Auch aus der Entwicklung der universitären Autonomie, dem Thema dieser Arbeit, ist der Einfluß Europas nicht wegzudenken. Die spanische Universität steht bis heute in der Tradition des napoleonischen Zentralismus. Diese zentralistische Ausrichtung der spanischen Bildungs- und Kulturpolitik hat auch das Verhältnis zwischen der zentralen Staatsverwaltung und der Verwaltung der Regionen geprägt. Es muß hier darauf hingewiesen werden, daß in dieser Arbeit die historische Dimension dieses für Spanien gravierenden Problems ausgeklammert bleibt. Der Kern dieser explosiven Frage, die vornehmlich in Katalonien und im Baskenland ausgetragen wurde (und wird), war der Verlust der politischen Sonderrechte und der Sonderverwaltung, die aus dem Mittelalter stammten. Diese Sonderrechte (Fueros) wurden in Katalonien zu Beginn des 18. Jahrhunderts und im Baskenland während der Karlistenkriege im 19. Jahrhundert aufgehoben.

Die territoriale Neuorganisation Spaniens, die sich gegenwärtig in vollem Gang befindet, führte bis jetzt im Bereich des Bildungswesens zur Übertragung einer Anzahl von Kompetenzen an die Autonomen Regionen: seit 1980 in Katalonien und dem Baskenland, seit 1982 in Galizien und Andalusien im Primar- und Sekundarschulbereich; 1983 mit der hier dargestellten Ley Orgánica Nr. 11 im Hochschulbereich.

In der europäischen Universitätsgeschichte gehört der Gedanke der Autonomie zum Kernbestand der Universitätstradition. Ist er doch ein Gradmesser für den Freiheitsraum und die Selbstverantwortung von Wissenschaft, Lehre und Forschung. Freilich sind dies Kategorien, die in der Geschichte oft nur hehre Ziele blieben und erst in der jüngeren Universitätsgeschichte verstärkt an Geltung gewonnen haben. Und bis heute ist - das lehrt beispielsweise die Entwicklung seit 1968 in der Bundesrepublik Deutschland - die Autonomie umstritten, ja zuweilen gefährdet. Auch der Blick auf die spanische Universitätsgeschichte vermag dies zu verdeutlichen.

Da im traditionsbewußten Spanien die Autonomie der Universität auch in offiziellen Texten und Gesetzen der letzten Jahre mit der "Glanzzeit" der Universität vom 13. bis zum 16. Jahrhundert in Verbindung gebracht wird, ist ein historischer Rückblick unerläßlich. Dabei beschränke ich mich auf Grundzüge, weil nicht alle einschlägigen Quellen hierzulande zur Verfügung stehen und die spanische Universitätsgeschichte wohl ein noch weithin unerschlossenes Forschungsgebiet ist. Dies macht es auch außerordentlich schwer, die verschiedenen Etappen der spanischen Hochschulgeschichte in ihrem historischen und kulturellen Kontext angemessen zu würdigen. Infolgedessen erhebt auch unsere Skizze nicht den Anspruch auf eine erschöpfende historische Analyse.

Der Rückgriff auf die spanische Universitätsgeschichte hat vielmehr einen begrenzten Zweck. Er dient dem besseren Verständnis der im zweiten Teil dieser Arbeit vorgenommenen Analyse des Bildungsgesetzes von 1970 und der Ley Orgánica

Nr. 11 von 1983. Insofern versucht die Studie, einen Beitrag zum Verständnis der aktuellen spanischen Autonomie-Diskussion zu liefern. Herausgearbeitet werden die Merkmale, die in der bildungspolitischen und universitätspädagogischen Diskussion über die Autonomie konsensfähig waren: der juristische Status der Universität, ihre Satzungshoheit, die Bestimmung der Leitungsorgane, die Auswahl und der Status der Lehrenden und Lernenden, die Bestimmung der Studien- und Forschungsinhalte und die Titelvergabe. Ausgespart blieb das ansonsten wichtigste Merkmal einer selbständigen Einrichtung, ihre ökonomische Autonomie. Der Grund dafür liegt darin, daß die spanische Universität zu keinem Zeitpunkt ökonomisch unabhängig war. Auch ist in unserem Zusammenhang die Untersuchung der Nuancen der ökonomischen Freiheiten innerhalb dieser "Fremdbestimmung" von sekundärem Interesse.

TEIL I: SPANISCHE UNIVERSITÄTSGESCHICHTE IM ÜBERBLICK

1. Autonomie als Tradition

Zeitgenössische offizielle Texte greifen oft auf die "Glanzzeit" der spanischen Universität zurück, wenn Autonomie, Korporatismus oder Internationalität zur Diskussion stehen. Die Berufung auf die Tradition der Universität ist in Spanien nicht neu. Sie ist ein nostalgisches Leitmotiv, das die Geschichte dieser Institution seit Jahrhunderten begleitet. Unter der "Glanzzeit" wird jene Zeit verstanden, die vom 13. bis ins 16. Jahrhundert reicht und sich über Mittelalter und Renaissance erstreckt. Da die Renaissance die spanische Universität wenig beeinflußt hat, bezieht sich diese Rückbesinnung vornehmlich auf die Universität des Mittelalters. Dies legt die Frage nahe: Was war denn das Bestechende an dieser Universität, die von allen Vorkämpfern der Autonomie ehrfürchtig beschworen worden ist? Wie die Universitäten in Italien und Frankreich, war auch die spanische Universität des Mittelalters (Studium generale) ein autonomer korporativer Zusammenschluß von Lehrenden und Lernenden (Magistern und Scholaren). Dieser in Bologna (1098 oder 1119) und Paris (12. Jahrhundert) erworbene Status der Universität wurde für die später gegründeten spanischen Institutionen selbstverständlich. Zum Status eines Studium generale gehörte das Promotionsrecht, aufgrund dessen die Universität das "ius ubique docendi" verleihen konnte, die Satzungsautonomie sowie die eigene akademische Gerichtsbarkeit. Der korporative Zusammenschluß der Lehrenden und Lernenden um des Wissens und der Wahrheit willen erfolgte übrigens nicht aus der Notwendigkeit der Berufsausbildung, die ursprünglich keine Rolle spielte. Man bediente sich einer einzigen Sprache, des Lateinischen, in einem geistig von der Scholastik und der Lehre der (katholischen) Kirche durchdrungenen Teil des

Abendlandes.

Artisten und Theologen bildeten die zentralen Fakultäten des Studium generale. Der nicht mehr ausreichende Rahmen des Trivium und Quadrivium wurde erweitert, um neues Wissen aufzunehmen, das seit der Antike über die arabische Kultur eingedrungen war. Der wesentlichste Inhalt der Artistenfakultät war die aristotelische Logik. Mittelpunkt des Studiums der Theologie war die Lektüre und Auslegung der Bibel sowie der später eingeführten Kommentare und theologisch-dogmatischen Lehraussagen. Jeder Student mußte zunächst die Artistenfakultät durchlaufen. Mit der Zeit wurden die medizinische und die Juristenschule in diese Institution eingegliedert.

Wenn man die Frage stellt, welche dieser Merkmale immer wieder zu einer Rückbesinnung auf die spanische Universitätstradition geführt haben, dann könnte man folgende vorläufige Antwort geben, wobei der spanische Nationalstolz und die für Spanien bezeichnende Nostalgie nicht zu übersehen sind: Es sind die Bestandteile der Autonomie, und zwar die Satzungshoheit, das Promotionsrecht und die eigene Gerichtsbarkeit, die die Spanier auch für ihre Universität in Anspruch nehmen. Es ist weiter das selbstlose, aber bald von Berufszwecken überlagerte Ziel des Zusammenschließens von Lehrenden und Lernenden um des Wissens und der Wahrheit willen. Hier wird man erinnert an Schillers Wort, daß der Studierplan, den sich der Brotgelehrte vorzeichnet, anders ist als der des philosophischen Kopfes. Schließlich ist es auch die in der Geschichte einmalige Macht der Universität, alle lebensnotwendigen Wertvorstellungen aufzunehmen und in einem geschlossenen Wertesystem zu vermitteln, das noch nicht von der vielgestaltigen Kultur der Neuzeit aufgebrochen war. Dies verdeutlicht besonders prägnant ein Zitat von José Ortega y Gasset, der die Ohnmacht der Universität seiner Zeit beklagt, ein "Vorstellungssystem von Welt und

Menschheit" vermitteln zu können[1]:

"Wenn wir auf die Entstehungszeit der Universität - das Mittelalter - zurückblicken, dann sehen wir, daß der heutige Rest das Residuum dessen ist, was einstmals den höheren Unterricht im eigentlichen Sinne ausmachte. Auf der Universität des Mittelalters wurde nicht geforscht (damit sei nicht gesagt, daß man im Mittelalter nicht auch geforscht hätte), und die Berufsausbildung nahm nur einen bescheidenen Raum ein. Dafür war alles ... 'Allgemeinbildung' - Theologie, Philosophie, 'Künste'. Was heute 'Allgemeinbildung' genannt wird, war im Mittelalter etwas anderes. Es war weder Geistesschmuck noch Charakterschulung, sondern das System der Vorstellungen über Welt und Menschheit, wie es der Mensch von damals eben besaß. Sozusagen das Repertoire der Überzeugungen, von denen seine Existenz gelenkt wurde.
Das Leben ist ein Chaos, ein Dickicht, ein Gewirr. Der Mensch verliert sich darin. Aber sein Geist reagiert auf dieses Gefühl des Untergangs, dieses Sichverirren. Er bemüht sich, im Dickicht 'Wege', 'Pfade' (daher kommt es, daß in den Anfängen jeder Kultur der Ausdruck 'Weg' - hodós und méthodos der Griechen, ebenso tao und te der Chinesen, 'Pfad' und 'Fahrzeug' der Inder erscheint) zu finden, das heißt, klare, bestimmte Vorstellungen vom Universum, positive Überzeugungen vom Wesen der Dinge und der Welt. Diese Überzeugungen sind in ihrer Gesamtheit, in ihrem System Bildung im wahrsten Sinne des Wortes; alles übrige ist nur schmückendes Beiwerk. Bildung ist das, was den Menschen vor dem Schiffbruch des Lebens rettet, was es ihm ermöglicht zu leben, ohne daß sein Leben zur sinnlosen Tragödie oder zur tiefsten Erniedrigung wird."

Diese Tradition der Universität, deren Kernstück die universitäre Autonomie ist, wurde und wird in Spanien aber nicht nur befürwortet, sondern auch abgelehnt. So fragte z.B. Unamuno, was das denn für eine Autonomie gewesen sei, die auf den Privilegien und Stiftungen (dádivas) der Könige und Päpste beruht habe.[2] Heute ist es Carlos París, Professor der Philosophie in Madrid, der die Tradition der spanischen Universität mit dem "psycho-biologischen" Begriff "Prägung" (torquelado) versachlicht und darin nur die Fortschreibung der Reverenz vor der Vergangenheit sieht.[3] Diese nicht einheitliche Rezeption der universitären Tradition ist aber nicht ungewöhnlich.

Da die Frage "Autonomie als Tradition" auch in der gegenwärtigen Diskussion immer wieder aufgegriffen wird, soll jetzt versucht werden, anhand dieses Merkmals die "Glanzzeit" der spanischen Universität zu umreißen. Die Fragestellung des folgenden Abschnitts lautet: Wie autonom waren die spanischen Universitäten während ihrer "Glanzzeit"? Kann man von einer durchgehenden "Glanzzeit" überhaupt sprechen, wenn man die Zeit zwischen den ersten Gründungen im 13. Jahrhundert und dem Ausklang des 16. Jahrhunderts betrachtet?

1.1 Die ersten Universitäten wurden von den Königen der christlichen Königreiche Spaniens gegründet oder anerkannt; von ihnen bekamen sie auch ihre Privilegien. Sie wurden so wie die italienischen und die in Süd-Frankreich entstandenen Universitäten nach dem Beispiel der Universität Bologna organisiert, die vornehmlich eine Schule für ziviles Recht war.

Das erste Studium generale wurde in Palencia zwischen 1212 und 1214 vom Bischof Tello Tellez de Meneses unter dem kastilischen König Alfons VIII. gegründet. Lehrer aus Frankreich und der Lombardei wurden berufen. Doch die Gründung überdauerte kein halbes Jahrhundert. Gelehrt wurden Kirchen- und Waffenkunde. 1215 oder 1218 wurde unter Alfons IX. von Léon die Kirchenschule von Salamanca erweitert und in ein Studium generale umgewandelt. Nach der Vereinigung Kastiliens und Léons stand Salamanca unter dem Schutz Ferdinands III., der ihr 1242 oder 1243 ein Privileg - das erste spanische Hochschuldokument - verlieh, demzufolge Lehrer, Schüler sowie ihr Besitz unter königlichem Schutz standen, ihre Rechte und Gepflogenheiten anerkannt und die Anliegen der Schüler einem Gericht von Klerikern und Laien überlassen wurden. Zehn Jahre später befreite sie derselbe König, Ferdinand III., vom Wegzoll. Eine ausschlaggebende Rolle in der Entwicklung Salamancas spielte Alfons X. el Sabio (der Weise). Die Königliche "Carta" von 1254, die er dem Studium generale vergab, "zum Studium und zu den Privilegien" dieser Institution wird als ihre Magna Charta bewertet.[4] Sie enthält die Organisation des Studiums, die Aufzählung der Lehrstühle und die Gehälter der Lehrer. Es gelang ihm, 1255 vom Papst Alexander IV. für die Universität das Privileg zu erlangen, Titel zu verleihen, die überall in der damaligen Welt, Paris und Bologna ausgenommen, anerkannt wurden. So wurde die Universität Salamanca mit Paris, Bologna und Oxford eine der vier Studia generales der Welt. Nach Auflösung des Studium generale in Palencia gründete Alfons der Weise ein neues Studium generale in Valladolid, wahrscheinlich um 1250. Aus einem Privileg des Königs Alfons XI. (1313) ist ersichtlich, daß die Stadt die Universität zu finanzieren hatte. Nicht sicher ist die Gründung der Universität Sevilla im Jahr 1254 kraft eines Privilegs von Alfons X. zur Einrichtung von "Studien und Schulen für Latein und Arabisch". Die erste Universität im Königreich Aragonien wurde 1300 in Lérida von Jaime II. gegründet. Auch diese Universität wurde von der Stadt finanziert. Es kam jedoch zu keiner fruchtbaren Lehrtätigkeit, unter anderem wegen der Konkurrenz der Universitäten von Perpignan und Huesca, die 1350 bzw. 1354 von Pedro von Aragonien gegründet wurden.

Wir begegnen hier den ersten spanischen Universitäten. Auf ihre Privilegien wurde nur punktuell eingegangen, da in einem der wichtigsten Dokumente dieser Zeit, dem juristischen Kompendium "Die sieben Partien" (Las Siete Partidas), das auf Befehl König Alfons des Weisen zusammengestellt wurde, ein Kapitel über den Status der Universitäten ausschlaggebend ist.

Das 13. Jahrhundert war nach dem bekannten spanischen Universitätshistoriker Alberto Jiménez keine kreative Epoche, sondern das Jahrhundert der Sammelwerke[5], nachdem das 12. Jahrhundert "das goldene Jahrhundert der Übersetzer"[6] gewesen war, in dem das griechisch-arabische Wissen ins

Lateinische übertragen wurde. Die Könige der Reconquista suchten ihre Legitimität juristisch zu untermauern, indem sie sich auf die römische Tradition stützten. In diesem Jahrhundert begann die Trennung zwischen dem kanonischen und dem römischen Recht, nachdem die Renaissance der Jurisprudenz in Bologna Ende des 11. Jahrhunderts begonnen hatte. Den Juristen gelang es, den Theologen den Rang abzulaufen. "Diese neue Menschenklasse, die Juristen, die angesehen und skeptisch waren und organisierend und zentralisierend handelten, gaben im 13. Jahrhundert den Ton an."[7] Sowohl das Anlehnungsbedürfnis der Monarchie an das römische Recht als auch das Sammelfieber der Zeit haben zum Entstehen des Kompendiums "Die sieben Partien" geführt, dessen Kapitel "Über die Studia generales, in denen Wissen (Saberes) erlernt wird, über die Lehrer und über die Schüler" als das erste spanische Bildungsgesetz betrachtet werden kann. Das gesamte Werk charakterisiert Jiménez wie folgt: Es ist "weder ein ursprüngliches Werk der Jurisprudenz noch eine philosophische Abhandlung, sondern eine methodische Redaktion des Rechts, das erst angefangen hatte, säkularisiert zu werden, in einer Epoche, in der die Struktur der Institutionen und die politischen Systeme alles der kanonischen Wissenschaft verdankten. "Die sieben Partien" sind im kanonischen Bereich die Summe aller Dekretalien, im zivilen Bereich die wörtliche Übersetzung und die Summe des Codex Justinianus, zu denen noch viele Gesetze - betreffend die Bräuche, die Gepflogenheiten und die speziellen Rechte (fueros particulares) Spaniens - hinzukommen".

In der folgenden Darstellung des 31. Kapitels des zweiten Teils über die Studia generales werden vornehmlich die Merkmale herausgestellt, die zum Verständnis der damaligen universitären Autonomie helfen. Unsere Darstellung stützt sich auf die Kommentare von Alberto Jiménez[8] und Ajo G. y Sáinz des Zúñiga[9].

Das Studium generale wurde definiert als ein Zusammenschluß von Lehrern und Schülern zum "Erlernen der Wissenschaften", gegründet im Auftrag des Papstes, des Kaisers oder - und das war eine Neuerung - des Königs. Ein Kanon der Grundfächer wurde eingeführt: die Artes liberales (die Musik ausgenommen): Grammatik, Rhetorik, Logik (=Dialektik), Arithmetik, Geometrie, Astrologie oder die beiden Rechtsdisziplinen. Die Theologie wurde nicht erwähnt. Sie wurde an den spanischen Universitäten erst anderthalb Jahrhunderte später gelehrt (Gesetz 1). Alle Wissenschaften sollten mindestens von einem Lehrer vertreten werden, auf alle Fälle aber die Grammatik, die Logik, die Rhetorik, das zivile sowie das kanonische Recht. Die Bücher, nach denen gelehrt werden mußte, sowie die Gehälter der Lehrer waren festgelegt. Entlohnt werden sollten sie, auch wenn sie erkrankten, und im Todesfall sollten die Erben das Gehalt bis zum Jahresende erhalten (Gesetze 3 und 4). Alle Lehrer waren vom Waffendienst und von jeder Art von Steuer befreit. Den Lehrern für ziviles Recht wurden besondere Privilegien zugesprochen, weil die Rechtswissenschaft "eine Quelle der Gerechtigkeit und der Welt nützlicher als jede andere Wissenschaft ist".
Den Lehrern für ziviles Recht wurde der Ritterstand und der Name "Herren der Gesetze" (señores de leyes) zugesprochen. Jeder Richter mußte sich vor ihnen erheben, die Wachen der Könige und Prinzen durften sie nicht warten lassen, und nach zwanzigjähriger Lehrtätigkeit wurden sie in den Grafenstand (conde) erhoben (Gesetz 8). Lehrer und Schüler sowie deren Verwandte standen unter dem Schutz des Königs (Gesetz 2). Den Schülern wurde das Privileg zugestanden, zwischen drei richterlichen Instanzen wählen zu können: ihrem Lehrer, dem Bischof oder dem Richter des "Fuero academico", d.h. dem Richter, der für die Gerichtsbarkeit der Universität zuständig war (ein Recht, das schon der Universität Salamanca zugesprochen worden war) (Gesetz 7).

Zum eigenen Wohl und zum Wohl des Studiums wurde es den Lehrern und Schülern erlaubt, sich in Körperschaften zusammenzuschließen (Gesetz 6). Die exekutive Gewalt wurde dem Rektor zugesprochen, der demokratisch aus den Reihen der Schüler gewählt werden sollte. Er durfte für Ordnung sorgen, ermahnen und bestrafen, da die Studia generales nicht deshalb gegründet wurden, damit die Schüler "des Nachts oder des Tags bewaffnet herumlaufen, sich schlagen oder andere Verrücktheiten oder Schlechtigkeiten machen, sich selbst schaden oder die Ruhe stören" (Gesetz 6). Auf den Lehrbetrieb, die Prüfungen oder die Titelvergabe sollte er keinen Einfluß haben. Die Vergabe des Titels "Maestro" (Magister), der keine Berufsberechtigung darstellte, sondern nur das Recht gab, öffentlich zu lehren, sollte nach einem erfolgreichen Studium, dem Nachweis guter Führung und gesunder Sitten, der Abhaltung öffentlicher Lektionen, dem Bestehen einer Prüfung, der Ablegung des Eides, daß der Prüfling mit rechten Mitteln gehandelt hatte, und einer öffentlichen Investitur erfolgen (Gesetz 9). In Verbindung mit den letzten beiden Gesetzen muß ein Passus aus einem anderen Kapitel[10] des Werkes gebracht werden, der über die Befugnisse des Magister scholarum oder maestrescuela oder canciller bzw. cancelario (Kanzler) - der Vertreter des Papstes - handelt. Dieser hatte nicht nur für die Ausbildung der Kirchenlehrer zu sorgen, sondern auch an der Prüfung für die Vergabe des Maestro-Titels (Magister) und der Lehrstühle teilzunehmen. Die Konkurrenz und der Kampf zwischen dem Kanzler und dem Rektor sollte die Geschichte der spanischen Universität begleiten.

Das ist das Bild der Universität im 13. Jahrhundert. Sie wurde unter der Obhut der Könige gegründet, die ihr ihre Privilegien verliehen und sie entweder von der Kirche oder von den Städten finanzieren ließen.

Nach den Kriterien, die in dieser Arbeit für die Bewertung der heutigen universitären Autonomie festgelegt worden sind, könnte man sagen: Die Universitäten waren korporative Zusammenschlüsse mit eigenen, aber nicht selbstverfaßten, sondern von den Königen erteilten Satzungen. Die Leitung wurde teils selbständig von den Universitätsmitgliedern gewählt (der Rektor), teils ernannt (der Kanzler). Die Aufnahme von Schülern und Lehrern wurde durch die Universitäten bestimmt, ihre Lebens- und Studienbedingungen wurden von den Satzungen umrissen. Die Titelvergabe kam den Universitäten nach einem vorgeschriebenen Procedere zu. Die Studieninhalte waren von der Scholastik vorgezeichnet. Die Universitäten verfügten über keine ökonomische Autonomie. Hinzu kommen drei Merkmale, die bei der Untersuchung der gegenwärtigen Autonomie der spanischen Universität ihre Aktualität längst verloren haben: ihre Dezentralisierung, d.h. ihre jeweilige regionale Bindung, ihre eigene Gerichtsbarkeit sowie ihre Internationalität (z.B. von Salamanca).

1.2 Nach dem Tod Alfons des Weisen 1284 nahm bis zur Ende des 15. Jahrhunderts vollzogenen Vereinigung Kastiliens und Aragoniens unter den "Katholischen Königen" Ferdinand und Isabella das Interesse der Könige für die Universität ab, was sich im Rückgang ihrer Unterstützung zeigte. An die Stelle der Könige trat die Kirche. Dies geschah mit Zustimmung der Universitäten, die in ihrer materiellen Existenz bedroht waren. Die Universität Salamanca z.B. mußte zweimal ihre Tore schließen. Auch die anderen Universitäten führten ein armseliges Leben. So lesen wir bei Alberto Jiménez[11]: In Palencia war die Universität aus Subsidienmangel gestorben, in Valladolid führte sie eine "miserable Existenz", in Lérida wurde sie von der Stadt am Leben erhalten, in Huesca war sie in der zweiten Hälfte des 15. Jahrhunderts so gut wie verlassen und der Lehrbetrieb unterbrochen, in Barcelona mußte sie die Kriege von Jaime II. erdulden. Nicht besser erging es den Universitäten von Perpignan, Valencia (gegründet 1500), Palma (gegründet 1483) und Sigüenza. Vor der

Vereinigung Kastiliens und Aragoniens waren alle kastilischen Universitäten unter die Obhut der Päpste geraten, die ihnen ihre Statuten verliehen, wie beispielsweise der Protektor der Universität von Salamanca, Benedikt XIII. (der spanische Antipapst Pedro de Luna), und Martin V. Die Satzungen Martins V. von 1422 (Constituciónes) belegen den internationalen Charakter der Universität: Dem Rektor standen acht Berater (Consiliaros) aus den Bistümern Spaniens bei. In den Satzungen von 1538 ist die Anzahl der Mitwirkenden erhöht, so daß nicht nur Repräsentanten aller spanischen Bistümer, sondern auch der Königreiche Navarra und Aragonien sowie Repräsentanten fremder Nationen an der Leitung der Universität beteiligt werden konnten.

Die aragonischen Städte Lérida, Barcelona und Huesca verhinderten trotz ihrer spärlichen Mittel, daß die Universitäten ausschließlich den Kirchen überlassen wurden.[12] Parallel zur Abnahme des königlichen Einflusses zugunsten der pontifikalen Macht nahm auch innerhalb der Universität die Autorität des Rektors zugunsten des Kanzlers ab. In Salamanca, Valladolid und Lérida wurde das Theologiestudium eingeführt.

Die in dieser Skizze umrissene Entwicklung vermag die These zu widerlegen, daß die beiden Jahrhunderte, die zwischen dem Tod Alfons X. und der Herrschaft der Katholischen Könige liegen, als eine "Glanzzeit" für die spanische Universität zu bewerten sind. Vielmehr befand sich die Universität oft am Rande des Ruins, obwohl beispielsweise Salamanca international anerkannt war. Wenig ergiebig ist daher der Versuch, für diese Periode die Merkmale der universitären Autonomie herauszustellen.

1.3 Ein Gegenstück zu den verarmten Universitäten bildeten die Colegios Mayores - Stipendienhäuser, die ursprünglich für arme Studenten gedacht waren und in Spanien im Vergleich zu Frankreich und England ein spätes Aufblühen erlebten. Sie wurden von einflußreichen Persönlichkeiten, die über Geld und Prestige verfügten, ins Leben gerufen. Das älteste und berühmteste war das Colegio de San Bartolomé von Salamanca, errichtet 1401 vom Bischof Diego de Anaya für 17 "tugendhafte, ehrenhafte und arme Schüler". Der Einfluß dieses Colegio wurde so groß, daß man in der Periode der Katholischen Könige sagte, die ganze Regierung sei in den Händen seiner Stipendiaten.[13] Nach dem Beispiel dieser Einrichtung wurden im 15. und 16. Jahrhundert zahlreiche kirchliche, weltliche und militärische Colegios errichtet, die allmählich zu einem neuen Aufschwung des Universitätslebens führten. Diese zweite Blütezeit, von den Katholischen Königen gefördert, reicht über die Regierungszeit Karls V. bis in die Zeit seines Nachfolgers Philipp II., eine Epoche, in der Spanien als Weltmacht einen Höhepunkt auch an universaler geistiger Bedeutung gewann.

Es waren in Kastilien nur sechs Stipendienhäuser, die den Namen Colegio Mayor führen durften: in Salamanca, außer dem schon genannten Colegio San Bartolomé, das Colegio de Cuenca (1500), das Colegio de Oviedo (1517) und das Colegio de Fonseca (1521), in Valladolid das Colegio de Santa Cruz und das Colegio de San Ildefonso in Alcalá (1508), von dem noch berichtet wird. Sowohl die Colegios Mayores als auch die kleineren Stipendienhäuser (Colegios Menores) wurden von den Päpsten und den Königen mit Privilegien, Ehren und Auszeichnungen überhäuft. Die zunehmende Zahl der öffentlichen Ämter hatte den Stand der Universitätsabsolventen an Gewicht gewinnnen lassen: Es wurde jetzt des Wissens, der Wahrheit und der Karriere wegen studiert. Das Abschluß-Interrogatorium zur Vergabe des Titels, das stundenlang dauern konnte, war der Preis für die zweitgeborenen Söhne des hohen Adels und für den niederen Adel, eine standesgemäße Position zu erlangen. Auch das Bürgertum erhielt die Chance des sozialen Aufstiegs.

Den Einfluß, den die Stipendiaten der sechs Colegios Mayores erreicht hatten, belegt Alberto Jiménez mit Aussagen aus einem Buch, das unter Karl III. veröffentlicht wurde.[14] Demnach haben die Stipendiaten dieser Colegios, die insgesamt 128 Stipendien für jeweils acht Jahre vergeben konnten, vom Beginn des 16. bis zum Ausgang des 18. Jahrhunderts mehr als 5500 wichtige Funktionen in Staat und Kirche ausgeübt (135 Kardinäle, 133 Erzbischöfe, 470 Bischöfe, 27 Generalinquisiteure, 49 Präsidenten des Kastilischen Rates u.a.). Das bedeutet nach Alberto Jiménez, daß fast jeder der Stipendiaten, die sich zunehmend nicht mehr aus Armen, sondern aus Adeligen oder Reichen rekrutierten, eine führende Position innehatte.

In Spanien trat im 15. Jahrhundert der italienische Kultureinfluß an die Stelle des maurischen. Die Renaissance wurde vor allem als Humanismus wirkkräftig, wobei sich der Einfluß des Erasmus von Rotterdam als prägend erwies. Das italienische "Renaissance-Heidentum" und die Verweltlichung der Kirche wurden strikt abgelehnt. Der Protestantismus hat sich in Spanien nicht durchsetzen können. Die wenigen Vorkämpfer, z.B. in Sevilla und Valladolid, wurden von der Inquisition schnell unterdrückt. Obwohl die Gegenreformation das Werk des Erasmus auf den Index setzte, gewann es auf die Schule von Salamanca Einfluß, besonders in der Naturrechtslehre.[15] Eine der wichtigsten Persönlichkeiten der spanischen Renaissance, der Kardinal Cisneros, Herausgeber der berühmten Complutense Polyglotte der Heiligen Schrift, gründete zu einem Zeitpunkt, in dem die Universitäten von Valladolid und Salamanca angesehene Institutionen waren, eine Universität in Alcalá de Henares.[16] Der Kardinal war vom Wunsch geleitet, eine geistige und kulturelle Erneuerung des Klerus zu erreichen, und gab dem Theologiestudium eine neue Orientierung: Er gründete je einen Lehrstuhl für die Lehren von Duns Scotus, Thomas von Aquin und für nominalistische Theologie, im

Unterschied zu Salamanca, die der fundamentalen Scholastik treu geblieben war (Thomas von Aquin und Petrus Lombardus). Die Jurisprudenz war in Alcalá nicht vertreten. Der Lehrbetrieb wurde nach der Errichtung des Colegio Mayor de San Ildefonso im Jahr 1508 aufgenommen[17]; 1513 wurden zusätzlich sechs Colegios Menores eingerichtet, andere folgten. So bildete sich schließlich eine Universitätsstadt heraus. Die Satzung der Universität wurde 1510 veröffentlicht. Alcalá vergab den Doktortitel in den Freien Künsten oder der Philosophie, Medizin und Theologie. Sie galt als Zentrum der spanischen humanistischen Bewegung.

Dennoch ist festzuhalten, daß die Renaissance "keine starken Wurzeln" in Spanien geschlagen hat[18], und Alberto Jiménez spricht sogar von einem neuen Aufschwung der Scholastik an der Wende vom 16. zum 17. Jahrhundert.[19] Dies legt die Frage nahe, wie autonom die Universitäten waren, die ihre mittelalterlichen Strukturen in ihrer zweiten Blütezeit beibehalten hatten.

Zunächst muß erneut auf drei Merkmale hingewiesen werden, die für eine Analyse der heutigen spanischen Universität nicht in Frage kommen, da sie nicht mehr vorhanden sind[20]: ihre territoriale Gebundenheit, die mitbedingt war durch die Verschiedenheit ihrer Träger, z.B. der Päpste in Salamanca oder der Stadt Valencia; ihren internationalen Charakter, z.B. in Salamanca schon seit dem Jahr 1255 oder in Granada gemäß der Verordnung Papst Clemens VII. von 1531, und ihre eigene Gerichtsbarkeit.

Ein Kuriosum muß im Zusammenhang mit der Feststellung des internationalen Charakters der Universitäten erwähnt werden. Unter Philipp II. wird eine gegenläufige Tendenz sichtbar: Zum Schutz der eigenen Universitäten oder - nach Alberto Jiménez - als Begleiterscheinung der Abkapselung während der Gegenreformation untersagte dieser König (mit einigen Ausnahmen) das Studium im Ausland (Pragmatica von 1559).[21]

Die Universitäten hatten Satzungen, aber nicht aus eigener Kraft, sondern vornehmlich von den Königen gegeben, z.B. Salamanca 1538 von Karl V. und 1561 von Philipp II. Auch die erste Satzung der Universität von Santiago 1555 stammt von Philipp II.

In der Leitung der Universitäten bestanden Unterschiede. Der Rektor der Universität Complutense wurde jährlich aus den Reihen der Studenten des Stipendienhauses San Ildefonso gewählt. Seine drei Berater (consiliaros) waren ebenfalls Studenten. Der erste Rektor dieser Universität war Pedro del Campo, der aus Salamanca gekommen war. Der Rektor war die oberste kontrollierende Instanz der Universität, zuständig für die Einberufung der Professorenkonferenz, für die Gehälter der Professoren sowie für die Ernennung stellvertretender Professoren. Auch hatte er richterliche Befugnisse über die Immatrikulierten der Universität. Zum Leitungsgremium gehörte der Kanzler, der Repräsentant des Papstes. Es war dies eine Lebensstelle für den Abt der Colegiata de San Justo y Pastor, der zweimal jährlich die Universität zu besichtigen hatte, um Unregelmäßigkeiten aufzudecken und zu korrigieren. Im Colegio Mayor de San Ildefonso, "alma mater" der Universität Complutense, bestand ein Claustro von 33 Pfründnern (prebendados), darunter der Rektor, seine Berater, die Lehrstuhlinhaber. Die Colegios Menores waren ähnlich organisiert. Der König war durch Visitatoren (visitantes) repräsentiert, die von Zeit zu Zeit die Universitäten kontrollierten.
In den päpstlichen Universitäten, für die Salamanca als Musterbeispiel dienen kann, war der Maestrescuela (Kanzler) die höchste Autorität. Er repräsentierte den Papst und hatte die Befugnis, Titel zu verleihen, den Professorenkonferenzen zu präsidieren und die universitäre Gerichtsbarkeit auszuüben. Der Rektor, ein Student als die zweite Autorität der

Universität, war für die akademische Aufsicht zuständig; er war die oberste Autorität in den Colegios Mayores. Der große Einfluß der Colegios Mayores, die z.B. in Alcalá für die Besoldung der Professoren der Universität zuständig waren, führt zu einer Frage, die in der Aufklärung kritisch aufgegriffen wurde.

Andere Universitäten, wie die von Valencia, waren zwar vom Papst gegründet worden, aber von der Stadt (municipio) abhängig. Auch hier war der Kanzler als Repräsentant des Papstes die oberste Autorität. Die Stadt ernannte den Rektor, bestimmte die Besetzung der Lehrstühle und kontrollierte bis auf einige Einnahmen die Finanzen der Universität.[22] Auch Granada, eine weitere päpstliche Universität, stand in der Mitte des 16. Jahrhunderts sowohl unter dem Einfluß des Erzbischofs als auch unter dem der Stadt. Sie erhielt 1526 den königlichen Gründungsbrief von Karl V. Bedacht wurde bei der Gründung auch die Einbeziehung der konvertierten Mauren in die christlichen Bildungsstätten. 1531 gab Papst Clemens VII., wie schon erwähnt, dieser Universität ihren internationalen Status nach dem Vorbild von Paris, Bologna und Salamanca. Sie wurde bis 1542 nach dem Muster Salamancas organisiert; die meisten Professoren kamen jedoch aus Alcalá. Demzufolge wird in der Präambel zur Satzung der Universität von 1971 rückblickend über die "Verflechtung des neuen und aristokratischen Tons von Alcalá mit dem demokratischen und traditionalistischen von Salamanca" gesprochen.[23]
Es kann wohl kaum von einer autonomen Leitung der Universitäten gesprochen werden. Abgesehen vom selbstgewählten Rektor, waren an ihr jeweils die Kirche, die Stadt sowie die Beauftragten (Visitatoren) des Königs beteiligt. Das Auswahlverfahren der Professoren hat sich im Laufe der Zeit geändert: Zunächst wurden an die Universitäten namhafte Persönlichkeiten für ihre Verdienste berufen. Später wurden sie von den Studenten in Form eines Verfahrens gewählt, das wegen seiner Unzulänglichkeit durch eine förmliche Regelung

ersetzt wurde, wobei die von den Bewerbern erworbenen Titel die ausschlaggebende Rolle spielten. Da auch auf diese Art und Weise Ungerechtigkeiten nicht vermieden werden konnten, wurden Wettbewerbsprüfungen (oposicíones) eingeführt, die sowohl das Wissen als auch die Titel der Bewerber bewerten sollten. Die Professoren der Universität Complutense wurden für die Dauer von vier bis sechs Jahren ernannt, konnten sich aber danach erneut einer Wettbewerbsprüfung stellen. Sie mußten für die Wiederbesetzung eines Lehrstuhls auf alle Fälle das Einverständnis der Studenten haben. Die Universität von Salamanca hingegen vergab die Lehrstühle auf Lebenszeit. Auch die Aufnahme der Studenten in die Stipendienhäuser setzte das Bestehen von Wettbewerben (oposicíones) voraus.

Im 17. Jahrhundert wurde die Zuständigkeit der Universitäten bzw. der Studenten bei der Berufung der Professoren auf den "Höchsten Königlichen Rat von Kastilien" übertragen; dazu Alberto Jiménez: "Der Günstlingswirtschaft der Studenten folgte die höfische Günstlingswirtschaft."[24] Aber noch sind wir im 16. Jahrhundert, in dem man von der Selbstbestimmung der Universitäten bei der Auswahl der Professoren und Studenten sprechen kann. Dieselbe Aussage kann über die Bestimmung der Studieninhalte gemacht werden. Den philosophischen Rahmen dafür bot weiterhin die Scholastik in ihrer Verbindung von Glauben und Wissen. Während die Artistenfakultäten und die klassischen Studien unter den Katholischen Königen aufgeblüht waren, war es den Naturwissenschaften nicht gelungen, aus dem traditionellen System auszubrechen. Es hatten sich, wie schon dargestellt, Schwerpunkte gebildet: in Alcalá die Theologie, in Salamanca die Jurisprudenz und in Valencia die Medizin.

Der spanische Humanist, Philosoph und Pädagoge Juan Luis Vives (1492-1540), Schüler von Erasmus, der in Brügge, Löwen und am englischen Hof lebte, folgte nicht dem Ruf auf einen Lehrstuhl nach Alcalá. In seinem Werk "De causis corruptarum artium" hat er den Verfall des Philosophiestudiums beklagt und mit dem Dogmatismus der Professoren, den nicht kohärenten Lehrtexten, der Einsetzung der Autorität als Wahrheitskriterium, dem zu häufigen Gebrauch von Resümees und Disputationen und dem Fehlen einer originellen Forschung erklärt.[25] Eine solche Situation hat er wohl in Alcalá befürchtet.

Über die finanzielle Abhängigkeit der Universitäten wurde schon berichtet. Es wurde den Universitäten aber nicht nur gegeben, sondern auch genommen. So hat sich Karl V. gleich nach seiner Ankunft in Spanien das gesamte Vermögen, das Kardinal Cisneros der Universität Alcalá hinterlassen hatte, ausgeliehen und nie wieder erstattet.[26]

2. Auf dem Weg zur Zentralisierung der Universitäten

Zahlreiche Quellen weisen auf den Verfall der spanischen Universitäten parallel zur Herausbildung des Nationalstaates hin. Mit der Konsolidierung des monarchischen Absolutismus unter den Habsburgern (1504-1700) war auch der staatliche Einfluß auf die Kirche gewachsen. Erst im 17. Jahrhundert gelang es dem Jesuitenorden, sich im spanischen Schulwesen zu behaupten. Dazu ein Zitat aus dem grundlegenden Buch von René Fülöp-Miller "Macht und Geheimnis der Jesuiten":

"Während in dem protestantischen Deutschland die Jesuiten mit ihren Schulen sehr rasch festen Fuß fassen konnten, vermochten sie sich in Spanien, dem katholischsten aller Länder, nur viel langsamer durchzusetzen. Wirklichen Einfluß erlangten sie hier erst im siebzehnten Jahrhundert, als König Philipp der Vierte die Adelshochschule San Isidro errichtete und sie den Jesuiten übergab. Da an dieser Anstalt fast sämtliche Erstgeborenen der großen spanischen Adelshäuser erzogen wurden, verschaffte dieser Entschluß des Königs den Jesuiten dann für lange Zeit die unbestrittene Herrschaft über das spanische Unterrichtswesen."

Das erzieherische Ziel, das der Orden verfolgte, umreißt Fülöp-Miller wie folgt:

"Der Versuch, die Ergebnisse der wissenschaftlichen Forschung mit dem katholisch-scholastischen Denken zu verschmelzen, bildete jedoch nur eine Seite der jesuitischen Wirksamkeit im Kampfe mit dem 'Fortschritt'. Über dieses theoretische Bestreben hinaus suchten sie von allem Anfang an das ganze Leben der Menschheit in diesem Sinne zu modeln und auch hier einen Ausgleich zwischen dem Erbe des Mittelalters und dem Geist der neuen Zeit herbeizuführen. Sie hatten sich nichts Geringeres zur Aufgabe gemacht als die Erzielung eines zugleich modernen und doch mit den Ansprüchen der Kirche nicht im Widerspruch stehenden Menschentypus, bei welchem der Dogmenglaube mit dem Drang nach vernünftiger Erkenntnis, die von der Religion geforderte Sittlichkeit mit jenem der neuen Zeit eigenen Zug zum Weltmännischen, der Bilderschatz der christlichen Vorstellungswelt mit dem durch Humanismus und Renaissance geweckten Sinn für ästhetischen Schönheitsgenuß im Einklang stehen sollte."[27]

Die Universität von Alcalá reagierte auf das Gründungsdekret der Adelshochschule San Isidro 1625, auch im Namen der Universität Salamanca, mit einem langen Protestschreiben.[28] Die Gründung des Studiums (Estudios Reales) wurde dadurch nicht aufgehalten, doch wurde der Adelshochschule nicht das Recht zugesprochen, Titel zu vergeben.

Unter den Bourbonen bildete sich nach dem Beispiel des französischen Gallikanismus das Staatskirchentum heraus. Durch das Konkordat von 1753 erhielt die spanische Krone das Nominationsrecht für die Besetzung kirchlicher Ämter und die Befugnis, die Veröffentlichung päpstlicher Erlasse zu genehmigen. Die Jesuiten, welche die Lehre vom Widerstandsrecht vertreten hatten, wurden 1767 aus Spanien und den spanischen Besitzungen in Amerika vertrieben.[29]
Seit Mitte des 17. Jahrhunderts waren Verfallserscheinungen an allen Universitäten sichtbar. Zum Beispiel waren an der Universität Complutense die Stipendienhäuser verarmt, 1725 wurden die Lehrstühle für Medizin verlassen, zwischen 1726 und 1729 fanden keine Professorenkonferenzen statt, ausge-

nommen einer mit Verwaltungscharakter. Die Aufklärung ging an der Universität vorbei. Gefördert von Monarchie, Kirche und Privatpersonen, erlebten dagegen die Wissenschaften, die Literatur und die Künste einen beträchtlichen Aufschwung in außeruniversitären Institutionen wie Akademien, Archiven, Bibliotheken oder Laboratorien.
Die Aufklärung, getragen von der Idee der autonomen Vernunft, und damit Ausgangspunkt der modernen Wissenschaft, war, ebenso wie der darauffolgende und bis heute in verschiedenen Varianten vorhandene Gesinnungsliberalismus, zugleich eine Epoche, die von Hybris und Hochmut gekennzeichnet war. Auch die spanischen Vertreter der Aufklärung hatten ein unendliches Vertrauen in die Perfektibilität des Menschen und in die Macht der Erziehung. Die Vermittlung von nützlichem Wissen (saberes utiles) wurde zur fixen Vorstellung. In der Einschätzung der Hochschulbildung waren sich die Repräsentanten der Aufklärung einig. Sie bemängelten: das Fehlen der neuen Wissenschaften; das unergiebige Studium der Theologie, verwässert durch den Kampf der verschiedenen Schulen und die "Sterilität" der Scholastik; das unzulängliche Jurastudium, das nur das römische und kirchliche, nicht aber das spanische Recht umfaßte; die nicht vorhandene wissenschaftliche Gründlichkeit des Medizinstudiums; die Anarchie der Lehrmethoden und -bücher.[30] Der wissenschaftliche Rückstand dem Ausland gegenüber wurde schmerzhaft empfunden. Dort war der aristotelische Wissenschaftsbegriff durch die Forderung nach der Freiheit der Philosophie (Halle 1694) ins Wanken geraten, und der neue Begriff der Wissenschaft (Göttingen 1736) beruhte auf Beobachtung, Erfahrung, Experiment und Forschung.

Es wurde angestrebt, das Schwergewicht der Hochschulbildung von Theologie- und Jurastudium auf das der Naturwissenschaften zu verlagern. So gründete Jovellanos[31], einer der Vertreter der spanischen Aufklärung, das erste Technische Institut für Nautik und Mineralogie (Real Instituto Asturiano o Escuela de Nautica y Mineralogía). Vier Jahre danach führte Jovellanos jedoch die Fächer Philosophie und Literatur in die Lehrpläne ein, um eine humanistische Ausbildung sicherzustellen. Beschleunigt wurde die Einführung der Maßnahmen, die den Universitätsbetrieb reformieren sollten, durch einen Zwischenfall an der Universität Valladolid im Jahre 1770. Der Bakkalaureus Ochoa hatte eine den Interessen der Regalität entgegengesetzte These vertreten, wofür er von einem Doktor Torres angegriffen wurde. Als die Universität für Ochoa Partei ergriff, brachte Torres den Fall vor den Kastilischen Rat mit dem Ergebnis, daß die Universität und vornehmlich der Dekan wegen der Vermittlung von Auffassungen gerügt wurden, die der königlichen Autorität nicht gerecht waren. Verfügt wurde, daß an jeder Universität ein königlicher Zensor zur Überwachung der Prüfungen einzusetzen und eine Reform der Universität einzuleiten sei.[32] Neue Studienpläne wurden eingeführt: 1769 in Sevilla, 1771 in Valladolid, Salamanca und Alcalá de Henares, 1772 in Santiago, 1774 in Oviedo, 1776 in Granada, 1786 in Valencia.

Die neuen Wissenschaften waren zwar nur spärlich vertreten, doch die Lehre des Naturrechts eingeführt; auch wurde das Lehren der verschiedenen theologischen Schulen abgeschafft und das Medizinstudium modernisiert. Die Autorität des Rektors, jetzt Vertreter der regierenden Macht, wurde verstärkt. Parallel zur Reform der Universität wurden von 1771 bis 1777 die Privilegien der Colegios Mayores abgebaut. Die Stipendiaten mußten sich der Studienordnung der Universität unterwerfen, und ihre Aufnahme bedurfte der Genehmigung durch den Königlichen Rat. Die Stipendienhäuser wurden jährlich von einem Inspektor des Königs besucht. So hat die "autonome Vernunft" der Aufklärer zur Reduzierung der Merkmale universitärer Autonomie geführt. Beseitigt wurden, wie bereits berichtet, ihr korporativer Charakter, ihre Selbstbestimmung bei der Aufnahme von Studenten und bei der Berufung der Professoren sowie ihre dezentralisierte Leitung.

In der spanischen Hochschulgeschichtsschreibung ist bis heute eine zwiespältige Rezeption der Aufklärung zu bemerken. Die Wende, die in der westeuropäischen Geschichtsschreibung zwischen den beiden Weltkriegen in der Beurteilung dieser Epoche stattgefunden hat, ist in Spanien nur teilweise nachvollzogen worden, z.B. bei der Interpretation der Rolle König Karls III. (1759-1788). Für Puelles Benítez ist dieser König, der die Lehre vom göttlichen Recht der Monarchen für sich beanspruchte, der Mittelpunkt einer aufgeklärten Minderheit von uneigennützigen Aristokraten, Gelehrten, Kirchenmännern und Ministern, die sich mit der spanischen Dekadenz auseinandersetzten.[33] Dagegen beurteilt Joaquin de Entrambasaguas, Chronist der Universität Complutense, Karl III. als den Monarchen, der für den Verfall der spanischen Universität verantwortlich gewesen ist. Der Autor belegt den Verlust der akademischen Autorität der Universität Complutense unter anderem mit der Verleihung des Doktortitels in Philosophie an die siebzehnjährige Maria Isidra Quintina de Guzmán y la Cerda infolge eines Königlichen Dekrets vom 20. April 1785. Noch skandalöser war nach seiner Meinung die Ernennung des als schwachsinnig (cretino) bezeichneten Infanten Antonio zum Protektor der Universität.[34]

3. Das 19. Jahrhundert und seine sechs Verfassungen

Das 19. Jahrhundert war ein unruhiges Zeitalter für Spanien, in dem alle politischen Konflikte vom Kampf um das Bildungswesen begleitet wurden. Die Etappen dieses erbitterten Kampfes waren bedingt durch die sich ändernden Beziehungen zwischen Staat und Kirche. Sie fanden ihren Ausdruck in den Konkordaten zwischen Spanien und dem Heiligen Stuhl und in sechs Verfassungen. Der Kernpunkt dieser Beziehung war die Antinomie zwischen der These von der "katholischen Einheit" und der Religionsfreiheit. Direkt damit verbunden waren die

Freiheit der Lehre (libertad de cátedra) und die Freiheit des Unterrichts (libertad de enseñanza). In der spanischen Fachsprache werden diese Termini bis heute benutzt. Die verschiedenen Grade dieser Freiheiten wurden in den Verfassungen, in der Schulgesetzgebung oder in königlichen Dekreten festgehalten. Über den mehrschichtigen Inhalt dieser Freiheiten wird bis heute gestritten. Die Freiheit der Lehre wird unumstritten für den Hochschulbereich in der herkömmlichen Auffassung verstanden. Damit verbunden wird die Freiheit der Wissenschaft; beide erscheinen in den verschiedenen Interpretationen nebeneinander oder schließen einander ein. Da mit "cátedra" auch der "Lehrstuhl" der Sekundarschule verstanden wird, dehnt sich in einigen Auslegungen die Freiheit der Lehre auch auf die Sekundarschule aus. Zur Freiheit der Lehre wird auch die Bestimmung der Lehr- bzw. Unterrichtspläne, -methoden und -bücher aufgeführt. Unter Freiheit des Unterrichts (libertad de enseñanza) wird primär das Recht verstanden, Schuleinrichtungen zu gründen.
Andere Aspekte dieser Problematik, die auch polemisch ausgelegt wurden, nicht aber bei jedem Machtwechsel zur Debatte standen, sind das Recht der Eltern, die Schulform auszuwählen, die ihren weltanschaulichen Ansprüchen entspricht, sowie das Recht der Schüler, den Bildungsweg zu durchlaufen, der ihnen am günstigsten erscheint. Diese nicht erschöpfende Analyse der Komponenten der Lehr- und Unterrichtsfreiheit, zu der z.B. auch das Recht der Lehrer, den von ihnen erlernten Beruf auszuüben, gerechnet wurde, steckt in groben Zügen die Ziele ab, für die die verschiedenen politischen und ideologischen Gruppierungen ihren Kampf geführt haben. Betroffen von diesem Kampf waren im 19. Jahrhundert vornehmlich das private Schulwesen, in dem die Hochschule anteilsmäßig keine wesentliche Rolle spielte, die Primar- und Sekundarschule, die Lehrerausbildung und die Verwaltung des Bildungssystems.

Im folgenden wird darzustellen versucht, wie sich die Kräfte, die den bildungspolitischen Kampf austrugen - seien es politische Parteien oder ideologische Gruppierungen -, zu unterschiedlichen Koalitionen zusammenschlossen, in denen sich Ideal und Opportunität die Waage hielten. Die Darstellung wird terminologisch dadurch erschwert, daß sich politische und ideologische Begriffe inhaltlich verändert haben, wie beispielsweise "politischer Liberalismus" oder "katholische Front". Dies gilt auch für die Bezeichnungen ideologischer oder kultureller Strömungen, die von einigen Autoren unter terminologischer Vereinfachung "Innovatoren" und "Traditionalisten" genannt wurden.[35]

Man kann aber die Problemlage des spanischen Bildungs- und Hochschulwesens im 19. Jahrhundert nicht analysieren, ohne auf die Bedeutung hinzuweisen, welche die Gründung der Universität Berlin (1810) für die europäische Bildungsgeschichte und damit auch für Spanien hatte. Humboldt hatte sich sowohl gegen die traditionelle Universität, die als ständisch privilegiert und akademisch degeneriert empfunden wurde, als auch gegen das Konzept der Fachhochschule gestellt, die allein utilitaristischen Zwecken dienen sollte. Durchgesetzt hatte sich die Konzeption einer zweckfreien Wissenschaft. Die Einheit von Forschung, Lehre und Bildung wurde zum Kern des institutionalisierten Wissenschaftsbetriebs. Wissenschaft als nicht abgeschlossenes Ganzes konnte nur dann Selbstzweck sein, wenn sie in einem Schonraum betrieben wurde. Im vorindustriellen Preußen war der Staat der Garant der dafür notwendigen Freiheit.

Um den folgenden Überblick zu ermöglichen, bediene ich mich der Periodisierung, die auf die Gültigkeit der sich ablösenden Verfassungen bezogen ist. Sechs Verfassungen bildeten den gesetzlichen Hintergrund des Staatslebens: die Verfassung von Cádiz von 1812 (fünf oder sechs nicht aufeinanderfolgende Jahre in Kraft), die Königliche Satzung von 1834, die Verfassungen von 1837 und 1845, die Verfassung von 1869 (vier Jahre gültig) sowie die Verfassung von 1876 (die 47 Jahre in Kraft blieb). Des künstlichen und somit unzulänglichen Charakters dieser Periodisierung, die nur orientierende Funktion haben soll, bin ich mir bewußt.

3.1 Das Jahrhundert begann unter der Herrschaft des schwachen Königs Karls IV., dessen Innenminister Godoy die Politik des aufgeklärten Absolutismus Karls III. weiterführte. Jovellanos, Minister "de Gracia und Justicia", war bemüht, die Reform der Universität voranzutreiben. Angestrebt wurden weiterhin die "Modernisierung" des Studiums und die Zentralisierung und Vereinheitlichung des Hochschulwesens. Sein Nachfolger im Amt, Caballero, von der Kirche unterstützt, verfaßte den ersten verbindlichen Studienplan für alle Universitäten nach dem Modell Salamancas.

Die Autonomie der Universitäten sollte weiter eingeschränkt, die Befugnisse des königlichen Zensors sollten gesteigert, Mathematik, Physik, Chemie und Biologie sollten in die Studienpläne der Artistenfakultät eingeführt werden. Elf Universitäten wurden geschlossen, wie die von Alcalá de Henares und von Cervera. Die Ereignisse des Jahres 1808 verhinderten die Umsetzung der Vorhaben Caballeros in die Realität.

1808 setzte Napoleon seinen Bruder Joseph Bonaparte auf den spanischen Thron. Die Spanier erhoben sich gegen diese Fremdherrschaft, zugleich aber wurden viele von den Ideen der Französischen Revolution erfaßt. 1810 versammelten sich neue Cortes in Cádiz und entwarfen 1812 die erste spanische Verfassung. Darin wurde zwar der Katholizismus zur einzigen Religion der spanischen Nation erklärt, die Inquisition jedoch abgeschafft, und einzelne Klöster wurden aufgehoben. Sechs Artikel (366 bis 371) sind dem öffentlichen Schulwesen gewidmet. In ihnen wird auf die vorhandene Struktur des Schulwesens Bezug genommen, d.h. auf die Primar- und Hochschule, da eine Sekundarschule noch nicht existierte. Gefordert wurden der Primarschulbereich für alle, ein für das ganze Land gültiger Lehrplan sowie ein Schulaufsichtsgremium. Die Zuständigkeit für das öffentliche Schulwesen wird den Cortes - und nicht der Regierung - zugesprochen. Im letzten Artikel wird die allgemeine Freiheit der Meinung proklamiert.

Für die Vorbereitung eines alle Stufen umfassenden Bildungsgesetzes wurde ein Gremium für das öffentliche Schulwesen gegründet; es wurde beauftragt, einen Bericht vorzulegen, der Vorschläge zur allgemeinen Reform des Schulwesens enthalten sollte. Dieser Bericht vom 9. September 1813, an dem der Poet Quintana mitgewirkt haben soll, spiegelt die bildungspolitische Konzeption der Liberalen wider, wobei Condorcets Einfluß sowie das Ideengut der Aufklärung unübersehbar sind.[36] Die tragenden Gedanken des Berichtes sind das Vertrauen in die Perfektibilität und die Gleichheit der Menschen sowie in die Macht einer öffentlichen und für alle gleichen Erziehung, aber auch das Recht auf eine freie Erziehung, d.h., daß jeder sie dort erhalten sollte, wo es für ihn "einfacher und angenehmer" sei.

3.1.1 Die Rückkehr Ferdinands VII. im März 1814 verhinderte die Behandlung eines aufgrund des Berichtes entworfenen Gesetzes im Parlament. Die Verfassung von 1812 wurde aufgehoben, die Inquisition erneut eingeführt und die aufgelösten Mönchsorden wieder zugelassen. Das Bildungswesen wurde wieder Sache des Kastilischen Rats und des Ministeriums de Gracia y Justicia (anstelle der Secretaria de Despacho de la Gobernación). Den Mönchsorden wurde durch Dekret vom 19. November 1815 das Recht zur Unterrichtserteilung gegeben. Für das Hochschulwesen wurde der Plan Caballero von 1807 wieder gültig. Dagegen stellten sich sowohl die konservativen Kreise als auch die Universitäten, die gemäß diesem Plan geschlossen worden waren. Für das öffentliche Schulwesen wurde 1815 ein Gremium (Junta de Instrucción Pública) gebildet, das einen neuen Studienplan entwerfen sollte. Für die Zwischenzeit wurde die Studienordnung von 1771 wieder in Kraft gesetzt, die Stipendienhäuser (Colegios Mayores) wurden wieder geöffnet und die als liberal geltenden Universitäten einer Inspektion unterworfen.[37]

3.1.2 Gegen diese erste Restauration unter Ferdinand VII. richtete sich 1820 eine liberale Revolution unter Führung von Riego Nuñez. Der König beschwor daraufhin die Verfassung von Cádiz, die Inquisition wurde erneut abgeschafft, eine Anzahl von Klöstern wurde aufgehoben, und alle geistlichen Orden wurden verboten, mit Ausnahme des Bettelordens.
Die Liberalen spalteten sich in die Gemäßigten (Moderados) und die Radikalen (Exaltados). Das Parlament wurde erneut für das Bildungswesen zuständig, und "vorübergehend" wurde der Plan Caballeros in Kraft gesetzt. Eine Kommission für öffentliches Schulwesen (Comision de Instrucción Pública) in den Cortes übernahm den Gesetzentwurf, der aufgrund des Quintana-Berichtes 1814 erstellt worden war. Auf dieser Grundlage verabschiedeten die Cortes am 29. Juni 1821 das Allgemeine Reglement zum öffentlichen Schulwesen (Reglamento general de Instrucción Pública). Geregelt wurde dadurch auch die Stellung der privaten Schulen. Deren Freiheit wurde mit der Forderung begründet, die Grundsätze der Religion und der königlichen Verfassung nicht zu verletzen. Das Schulwesen wurde in drei Stufen unterteilt:

- Den Primarunterricht, allgemein und unentgeltlich.
- Die Sekundarschule, die als allgemeinbildende und studienvorbereitende Institution definiert wurde. Der Sekundarschulunterricht sollte in Provinzuniversitäten (universidades de provincia) erteilt werden.
- Das Hochschulwesen, das der beruflichen Qualifizierung dienen sollte.

Theologie und Jura sollten an den den Provinzuniversitäten angegliederten Lehrstühlen gelehrt werden, Human- und Tiermedizin, experimentelle Landwirtschaft, Musik, Handel, Astronomie und Nautik in Fachschulen.

In Madrid sollte eine zentrale Universität gegründet werden, an der alle Fächer der Sekundar- und Hochschule gelehrt werden sollten. Die Besetzung der Stellen an den Hochschulen sollte durch Wettbewerbsprüfungen (oposiciónes) erfolgen. Sowohl die Lehrkräfte als auch die Absolventen der privaten Hochschulen sollten sich einer Prüfung vor Professoren der öffentlichen Einrichtungen stellen.[38] Dieses Reglement, das der Ausdruck des Bildungskonzeptes der Gemäßigten (Liberalen) war, wurde nicht angewendet.

3.1.3 1823 wurde die absolute Monarchie (unter Ferdinand VII.) wieder eingesetzt, und zwar nach einer Intervention Frankreichs im Namen der Heiligen Allianz. Das Ministerium de Gracia y Justicia wurde erneut zuständig für das Bildungswesen. 1824 wurde der Plan Calomarde über den Lehrbetrieb und die Organisation der Hochschulen (Plan literario de estudios y arreglo general de las universidades del reino) verabschiedet. Die Konzeption dieses Plans, der auch von den Liberalen (Gil de Zárate) gutgeheißen wurde, enthält in der Interpretation von Puelles Benítez den "liberalen" Gedanken einer einheitlichen und zentralistischen Hochschule, aber auch eine starke Betonung des religiösen und moralischen Auftrags dieser Institution im Sinne der "Absolutisten" (absolutistas), d.h. der Traditionalisten.[39] Diese wiederum beklagten die zentralistische und säkularisierende Ausrichtung des Plans.[40] Festgelegt wurden ein einheitlicher Studienplan und eine einheitliche Studienorganisation (Lehrbücher, -methoden, Studiendauer, Prüfungsordnung etc.). Die Rektoren als Repräsentanten des Zentralstaats wurden vom König ernannt, die Lehrstühle weiterhin durch Wettbewerbsprüfungen (oposiciónes) besetzt. In den Promotionsaufgaben sowie bei der Besetzung von Lehrstühlen mußte der künftige Doktor eine Laudatio auf den König in lateinischer Sprache halten bzw. die Unantastbarkeit der Krone beschwören.[41] Zwei weitere Pläne sahen eine allgemeine, einheitliche und zentralistische Schule vor, 1825 für die Primarschule, 1826 für die Sekundarschule.

3.2 Nach dem Tod Ferdinands VII. wurde Spanien in den ersten dynastischen Krieg verwickelt, der blutig und für beide Seiten verlustreich geführt wurde. In ihm standen sich Karlisten (Ultraroyalisten, die um den Bruder des Königs, den Infanten Karl, gruppiert waren) und die Anhänger der Regentin gegenüber; diese stimmte 1834 unter dem Einfluß der Gemäßigten (Liberalen) einer ausgewogenen Verfassung zu. Auch der 1836 verabschiedete Bildungsplan des Herzogs de Riva, der nicht in Kraft trat, spiegelt die Bildungskonzeption der Gemäßigten wider. Er wurde in groben Zügen in dem Plan Pidal und in der Ley Moyano aufgegriffen. Der Plan Riva bezog sich auf das gesamte Schulwesen. Angestrebt wurde die Trennung der Sekundarschule von der Hochschule, zu der gerechnet wurden: Fakultäten (Theologie, Recht, Humanmedizin, Tiermedizin und Pharmazie), spezielle Schulen und "Studien der Gelehrsamkeit" (Estudios de Erudición): Archäologie, Numismatik, Bibliographie. Die Lehrkräfte sollten eine Wettbewerbsprüfung (oposición) bestehen; Lehrbücher waren nicht vorgeschrieben.[42]

3.3 1836 kamen die Progressisten (die ehemaligen Exaltados) an die Macht und setzten 1837 erneut die revidierte Verfassung von 1812 (Cádiz) in Kraft. Unter der Regierung der Progressisten wurde zunächst eine vorläufige Regelung des Schulwesens angenommen. In den Hochschulen bewirkte diese Regelung lediglich Studienplanänderungen. 1838 wurde ein

Gesetz zur Regelung der Elementarschulerziehung verabschiedet. Zwei Gesetzentwürfe zur Sekundar- und Hochschule (von Someruelos und von Infante) kamen nicht zum Zuge. Während der Amtszeit des Ministers Infante wurden die verschiedenen Kategorien von Professoren und deren Besoldung festgelegt. Unter der Herrschaft der Progressisten wurden die Universitäten von Cervera, Palma, Oñate und Vitoria geschlossen; gegründet wurden die Spezielle Schule für öffentliche Verwaltung (Escuela Especial de Administración Pública) und die Spezielle Schule für Bergbau (Escuela Especial de Ingenieros de Montes). Das Philosophiestudium wurde aufgewertet, indem den entsprechenden Fachrichtungen der Rang einer Fakultät zugesprochen wurde.[43] Puelles Benítez erwähnt, daß mit der Gründung eines Gremiums zur Vereinheitlichung der Finanzierung, die dem Bildungswesen dienen sollte, der Autonomie der Universität der Gnadenstoß gegeben worden sei.[44]

3.4 1843 wurde Espartero, der Führer der Progressisten, der die Regentin abgelöst hatte, durch einen Staatsstreich der Moderados abgesetzt. Die dreizehnjährige Infantin Isabella wurde von den Cortes für mündig erklärt. Ihre von inneren Unruhen stark bestimmte Herrschaft (1843-1868), während der sich in der Regierung die Moderados, die konservativ geworden waren, mit den allmählich gespaltenen Progressisten und den Unionisten (die sich politisch zwischen den Gemäßigten und den Progressisten befanden) abwechselten, endete mit der Militärrevolution von 1868. Das "gemäßigte Jahrzehnt" zwischen 1844 und 1854 brachte eine neue Verfassung und ein neues Dekret zur Regelung des Sekundar- und Hochschulbereichs sowie des privaten Bildungsbereichs (Plan Pidal[45]), beide vom Jahr 1845.

Die bildungspolitischen Divergenzen der sich abwechselnden Regierungen wurden, wie schon angedeutet, in der Konzeption der Sekundar- und Privatschule besonders deutlich. Im Hoch-

schulbereich ging man konsequent den Weg zur Zentralisierung, Homogenisierung und Aufhebung der Autonomie weiter.[46] Im Plan Pidal wurden alle Einzelheiten der Studienpläne für die Theologische, Juristische und Medizinisch-Pharmazeutische Fakultät geregelt, ebenso die Vergabe akademischer Titel und die anzuwendenden Lehrmethoden. Der Rektor, der kein aktiver (lehrender) Professor sein durfte, sollte direkt vom König ernannt werden. Die Dekane sollten ebenfalls vom König, und zwar auf Vorschlag des Rektors, ernannt werden. Jede Fakultät hatte eine Professorenkonferenz, die Universitäten eine allgemeine Professorenkonferenz. Das Recht, den Doktortitel zu verleihen, wurde allein der Zentralen Universität Madrid zugesprochen. Die Lehrkräfte wurden in Kategorien aufgegliedert. Sie gehörten entweder der Gruppe der "regentes" (Stellenverwalter) oder der "catedráticos" (Stelleninhaber) nach Bestehen einer Wettbewerbsprüfung (oposición) an. Innerhalb eines Lehrstuhls wurden die Lehrkräfte in drei Kategorien eingestuft: die Eingangs-, die Aufstiegs- und die Endgruppe. Der Übergang zur nächsthöheren Gruppe sollte ebenfalls durch eine Wettbewerbsprüfung, die in Madrid abgelegt werden mußte, erfolgen.
Die Kirche und die konservativen Kreise bemängelten am Plan Pidal den exzessiven Zentralismus und die totale Säkularisierung des Bildungswesens sowie den nicht übersehbaren französischen Einfluß. Sie beklagten besonders die Übernahme des Modells des französischen Ministers Cousin, in dem der Psychologie eine Schlüsselfunktion beim Philosophiestudium eingeräumt wurde.[47] Die Anforderungen, die an die Gründer privater Schuleinrichtungen bezüglich der Qualifikation der Lehrkräfte gestellt wurden, konnten von den kirchlichen Orden selten oder nie erfüllt werden. Die Hochschule sollte ausschließlich Sache des Staates sein. Darauffolgende Veränderungen des Plans Pidal hoben freilich diesen strikten Antiklerikalismus auf.

Das Verhältnis zwischen Kirche und Staat erhielt durch das

Konkordat von 1851 neue Akzente. Mit diesem Abkommen, das bis zur Zweiten Republik bestand, wurde unter anderem das königliche Patronatsrecht, der Verzicht der Kirche auf ihren veräußerten Besitz, die Zulassung bestimmter Orden sowie die Übernahme der Kosten für Kultus und Klerus durch den Staat festgelegt. Der Unterricht in der Schule und Hochschule wurde unter geistliche Aufsicht gestellt. Der Kirche wurde das Recht zugesprochen, in allen Bildungseinrichtungen die Reinheit der kirchlichen Lehre zu überprüfen. 1849 wurde das Medizin- und Pharmaziestudium reformiert. Nach einem Gesetzentwurf von 1850, der alle Stufen des Bildungswesens erfaßte, sollte die Universität für Berufe in der Landwirtschaft, in der Industrie und im Handel ausbilden. Der Entwurf wurde jedoch nie zum Gesetz.

Das Jahr 1857 ist für die allgemeine Bildungsgeschichte Spaniens von großer Bedeutung. In diesem Jahr wurde ein Gesetz (ley de base) verabschiedet, das den Aufbau und die Organisation des gesamten Bildungswesens beinhaltet, bekannt unter dem Namen Moyano-Gesetz. Dieses Gesetz hat das spanische Bildungswesen bis zur Bildungsreform des Jahrzehnts zwischen 1970 und 1980 geprägt. Vor allem gilt dies für die dreistufige Struktur des Bildungswesens:

- Eine zweistufige Primarschule, deren Unterstufe alle Kinder zwischen 6 und 9 Jahren als verbindliche Elementarschule erfaßte. Schüler, die kein Schulgeld zahlen konnten, besuchten diese Elementarschule unentgeltlich. An sie schlossen sich die obere Primarschule und die Sekundarschule an. Die obere Primarschule führte nach dem 10. Lebensjahr direkt in die Berufsausbildung.
- Die Sekundarschule ermöglichte die Vorbereitung auf das Hochschulstudium.
- Zu den Hochschulen zählten:
  a) Fakultäten: Philosophie (Filosofia y Letras), Naturwissenschaften und Biologie (Ciencias exactas, Física-

cas y Naturales), Pharmazie, Medizin, Jura und Theologie,

b) Hochschulen für Ingenieure (in den Bereichen Straßen-, Kanal-, Hafen-, und Bergbau, Landwirtschaft und Industrie),

c) die Ausbildung für den diplomatischen Dienst und das Notariatswesen.

Die Ausbildung der Primarschullehrer gehörte zum Bereich der Berufsausbildung.

Auch die Einstufung der Lehrkräfte in bestimmte Berufs- bzw. Besoldungsgruppen ist bis zur Bildungsreform von 1970 fast unverändert geblieben.
Im Hochschulbereich konnte ein Lehrstuhl nur von Personen besetzt werden, die promoviert waren, das 28. Lebensjahr überschritten und eine Wettbewerbsprüfung bestanden hatten. Die Lehrkräfte in diesem Bereich waren in drei Kategorien eingeteilt: die Eingangs-, Aufstiegs- und Endkategorie. In jeder Kategorie gab es ordentliche (numerarios) oder außerordentliche (supra numerarios) Lehrkräfte.
Die zentrale Leitung des Schulwesens unterstand von 1855 bis 1900 dem Entwicklungsministerium (de Fomento). Zuständig dafür war die Generaldirektion für das öffentliche Schulwesen (Dirección General de Instrucción Pública), bis im Jahre 1900 das Ministerium für öffentliches Schulwesen gegründet wurde.
Im Moyano-Gesetz wurden auch Zusammensetzung und Funktion der verschiedenen leitenden Gremien des Bildungswesens auf lokaler Ebene geregelt. Entsprechend den zehn Universitäten (Madrid, Barcelona, Granada, Oviedo, Salamanca, Santiago, Sevilla, Valencia, Valladolid und Zaragoza) wurde das Land in zehn Universitätsdistrikte eingeteilt. Alle öffentlichen Schuleinrichtungen der Universitätsdistrikte wurden von den jeweiligen vom König ernannten Rektoren geleitet. Jedem Distrikt gehörte ein Universitätsrat an, der aus dem Rektor

und den Dekanen sowie den Direktoren der Hochschulen, der Berufsschulen und der Sekundarschulen gebildet wurde. Die Dekane und die erwähnten Direktoren wurden von der Regierung auf Vorschlag des Rektors ernannt. Die Studiengänge an den privaten Universitäten wurden staatlicherseits nicht anerkannt. Den Bischöfen wurde das Recht eingeräumt, über die Reinheit der an den Universitäten verbreiteten Lehren zu wachen. Es wurden verbindliche Lehrbücher eingeführt. Diese Maßnahme, die eine Zunahme der staatlichen Interventionen bedeutete, wurde von den "Innovatoren" als Anschlag auf die Freiheit des Unterrichts gewertet, von den Traditionalisten hingegen als eine Waffe des Staates gegen die fortschreitende Säkularisation begrüßt. Der Kampf der Traditionalisten um die doktrinäre Reinheit der Lehrbücher wurde konstant und methodisch geführt.

Zwei geistige Strömungen, die aus Deutschland kamen, haben das 19. Jahrhundert in Spanien stark geprägt.[48] In der ersten Hälfte des Jahrhunderts bewirkte der Einfluß der deutschen Romantik und nach 1835 auch der der französischen das Entstehen der spezifisch liberalen spanischen Romantik. Auf philosophischer Ebene setzte sich, mit weitreichenden politischen und bildungspolitischen Folgen, die Lehre von Karl Christian Friedrich Krause in der Rezeption von Sanz del Río durch. Dieser lebte von 1843 bis 1844 in Heidelberg. Krause (1781-1832), Schüler Fichtes und Schellings, war Privatdozent in Jena, Berlin und Göttingen. In Dresden lehrte er an der Ingenieurakademie. Er hat ein System des "Panentheismus" entwickelt, nach dem das All in Gott ruht, Gott jedoch nicht Bestandteil des Alls ist. Auch ist er der Schöpfer einer Lehre, die das "reine Sein" in Kategorien zu fassen sucht. Warum Sanz del Río in Deutschland ausgerechnet die Lehre Krauses aufgenommen und verarbeitet hat, hat man auf verschiedene Weise zu erklären versucht. Er selbst sah darin ein konkretes philosophisches System, das in die Praxis umgesetzt werden könnte und den Notwendigkeiten seines Landes gerecht werde, auch wenn es den Ansprüchen wissenschaftlicher Rigorosität nicht genüge.[49]

In eine ähnliche Richtung ist später Madariaga bei der Bewertung Krauses gegangen:

"Er war kein großer Philosoph, aber er sprach eine instinktive Neigung des spanischen Geistes aus und verlieh ihr die Würde eines philosophischen Systems. Der Nachdruck, den er auf den allseitig-menschlichen Charakter der Erziehung, nicht nur auf die Pflege der geistigen Anlagen legte, gewann ihm die Bewunderung der Spanier. Er sagte im Deutsch des 19. Jahrhunderts, was Vives im Latein des 16. geschrieben und was jeder denkende Spanier aus sich heraus gefunden hatte. Die Bewegung der Krausistas ist einer der Fälle, die im 19. und 20. Jahrhundert so häufig sind, wo die Spanier Spanien entdecken, wenn sie aus dem Ausland nach Hause zurückkehren."[50]

Diesen beiden Urteilen steht die Kritik von Menéndez-Pelayo gegenüber, dessen geistige Haltung auf der Tradition und der Katholizität Spaniens beruhte. Er führte die Einführung von Krauses Lehre in Spanien nur auf die seiner Meinung nach intellektuelle Faulheit Sanz del Ríos zurück, der trotz der "wunderbaren Vielfalt der deutschen Kultur" am "ersten obskuren Sophisten" Gefallen gefunden habe.[51]

Über den "Krausismus" wurde und wird bis heute in Spanien sehr viel geschrieben. Freilich haben sich im Laufe der Zeit sowohl die Auswirkungen dieser Philosophie als auch ihre Rezeption verändert. Neben der Kritik von rechts, die in der Tradition von Menéndez-Pelayo steht, sind in den letzten Jahren kritische Stimmen, die als links eingeordnet werden[52], laut geworden. Sie bewerten die intellektuellen Auswirkungen des Krausismus als elitär und konservativ und haben ihrerseits sogleich eine "Kritik der Kritik" provoziert.[53]

Der Ausgangspunkt der Verbreitung des "Krausismus" im geistigen Leben Spaniens war die Veröffentlichung des Buches

"Ideal de la humanidad para la vida" (Lebensideal der Menschheit), eine Adaptation des Krauseschen Werkes von Sanz del Río im Jahre 1860. Der tragende Gedanke des Krausismus, die Regeneration des Menschen durch Erziehung, wurde von universitären Kreisen aufgegriffen. Sie leiteten daraus die Möglichkeit der Regeneration Spaniens durch Erziehung ab. Die Einstellung der Freunde und Schüler von Sanz del Río, wie Giner de los Ríos, Salmerón, Azcárate u.a., zum Auftrag der Schule führte zunächst zur ersten "cuestion universitaria" (Problem der Universität). In einem Königlichen Dekret vom 27. Oktober 1864 wurde der Art. 170 des Moyano-Gesetzes dahingehend erläutert, daß es den Professoren nahegelegt wurde, ihr Verhalten in und außerhalb der Universität an dem von ihnen abgelegten Eid (auf den katholischen Glauben, die Königin und die Verfassung) auszurichten. In der Universität hatte sich unter dem Einfluß der Krausisten, der Anhänger der demokratischen Partei und anderer Gruppen eine Opposition zur Schulpolitik der gemäßigten Liberalen konstituiert. 1865 wurde das erwähnte Werk von Sanz del Río von der katholischen Kirche auf den Index gesetzt. 1866 wurde den Professoren verboten, politischen Parteien anzugehören. 1867 verlangten der Rektor und die Leitung des Universitätsdistrikts von Madrid von den Professoren, ein Huldigungsschreiben an die Königin zu unterzeichnen. 56 Professoren lehnten dies ab. Gegen die Mehrzahl dieser Professoren - das waren diejenigen, die in dieser Haltung verharrten -, wurde ein Verfahren eingeleitet. Salmerón, Sanz del Río und danach auch Castro und Giner wurden ihrer Funktionen enthoben und aus dem Universitätsdienst entlassen.

3.5 Die Militärrevolution von 1868 führte zum Sturz Isabellas. Die 1869 von den siegreichen Revolutionären verabschiedete Verfassung garantierte aber die konstitutionelle Monarchie. 1870 wählten die Cortes den Herzog Amadeus von Aosta zum König. Bekämpft von Republikanern und der Geistlichkeit,

dankte er schon 1873 ab, und ausgerufen wurde die Republik, die ebenfalls einen unruhigen Zeitabschnitt umfaßte. Zwei Jahre später wurde Alfons XII. König. Die "ruhmreiche" Revolution von 1868 ("la gloriosa") brachte die suspendierten Professoren an die Universität zurück. Auch ein Gesetz, das den Einfluß der Kirche in der Ausbildung der Primarlehrer verstärkte hatte, wurde außer Kraft gesetzt. Durch Dekret vom 21. Oktober 1868 wurde die totale Freiheit des Unterrichts[54] proklamiert.[55]
Dem Staat wurde das Monopol auf die Bildung bestritten. Die Existenz privater Schulen wurde auch mit dem Recht der Lehrer begründet, außerhalb der öffentlichen Schulen zu arbeiten. Als Zukunftsideal wurde die Abschaffung der öffentlichen Schulen überhaupt diskutiert. Betont wurde auch die Freiheit der Lehre[56] (wissenschaftliche Thesen, Lehrmethoden, Lehrbücher usw.); dem Staat wurde jede wissenschaftliche Autorität abgesprochen. Proklamiert wurde das Recht, private Universitäten zu gründen. Dagegen wurden die theologischen Fakultäten aufgelöst, und alle Universitäten erhielten das Recht, Doktortitel zu verleihen.

Ivonne Turin schreibt in ihrer eingehenden Untersuchung über das spanische Bildungswesen in den Jahren von 1874 bis 1902: "Das Jahr 1868 bringt eine Mischung von Gewissensfreiheit, Freiheit der Wissenschaft sowie politischer und individueller Freiheiten. In Madrid hat man den Eindruck, sowohl die Renaissance als auch die Französische Revolution zu erleben."[57]

Die Verfassung von 1869 brachte die Religionsfreiheit (Art. 21). Nun wurden am 23. März 1870 die Professoren von den Universitäten verwiesen, die es ablehnten, auf die "progressive" Verfassung von 1869 den Eid abzulegen. Die Proteste von Giner hatten bei der Regierung keinen Erfolg. Ein anderes Dekret von 1868 sah die Reorganisation der Sekundarschule vor. Angestrebt wurde die Vermittlung "moderner" Fächer, wie Anthropologie, Kosmologie, Kunst, Biologie, Ethik und Rechtskunde in jenen Zweig der Sekundarschule, der parallel zur traditionellen Sekundarschule geschaffen werden sollte. Betont wurde der doppelte Auftrag der Sekundarschule: staatsbürgerliche Erziehung und Studienvorbereitung.

Während der ersten Republik (1873-1875) finden die erwähnten Thesen zur Hoch- und Sekundarschule ihren formalen Niederschlag in zwei Dekreten und einem Gesetzentwurf. Beide Dekrete wurden allerdings nicht in die Praxis umgesetzt. Dies erklärt sich wohl vor allem daraus, daß die Zielsetzung der Dekrete der Zeit vorauseilte und in ihrer Diktion, etwa Entwicklungen der letzten Jahrzehnte unseres Jahrhunderts, vorgreift. So werden z.B. die Investitionen für das Schulwesen als die Investitionen bezeichnet, die sich am besten "reproduzieren" ("son los más reproductivos").[58] Zu den Fächern der Studienzulassungsprüfungen sollte auch die deutsche Sprache gehören. Der einzige Studienabschluß sollte der Doktortitel sein; dementsprechend wurden die Kategorien der Lehrenden abgeändert. Die naturwissenschaftlichen Fakultäten sollten ausgebaut, die philosophischen umgestaltet werden. Maßgeblich beteiligt an der Formulierung dieser Zielsetzungen soll Giner de los Ríos gewesen sein.[59]

Madariaga beschreibt die damalige Situation der spanischen Universität mit treffender Prägnanz:

"Die Universitäten, die Giner vorfand, waren Regierungsetablissements zur Verleihung von Berechtigungsscheinen. Gewiß sind Universitäten überall in Gefahr, Diplomfabriken zu werden, aber in Spanien waren sie, als Giner sie zu beobachten anfing, nur das und nicht mehr. Gelegentlich fand sich eine hervorragende Persönlichkeit, die mit wissenschaftlicher Forschung, wahrhafter Erziehungsarbeit und geistigen Interessen beschäftigt war, aber sie stand isoliert und galt als Eigenbrötler. Die Regel war, das Lehramt als Routinebetrieb, die Examensarbeit als lästige Pflicht und die Studenten als junge Beamte zu betrachten, die nach einer vorgeschriebenen Anzahl von Jahren und Prüfungen zur Würde von Diplominhabern aufrückten, gleichviel, welche Kenntnisse und Urteilsfähigkeit sie gewonnen hatten."[60]

3.6 Nach der Regierungsübernahme durch Alfons XIII. folgt die Periode, die in der spanischen Geschichte unter dem Namen "Restauration" (1875-1902) bekannt ist. Die führende Gestalt dieser Epoche war der Staatsmann Antonio Cánavas del Castillo. Sein Staatsverständnis beruhte auf der Verknüpfung von Erbmonarchie und Repräsentativverfassung. Sein parlamentarisches Vorbild war England mit seinem Zweiparteiensystem. Er gründete durch Fusion die konservative "liberal-konservative Partei", die sich in der Regierungsbildung mit der liberalen Partei von Sagasta abwechselte.[61] Über den unfruchtbaren Kulturkampf, den sie sich lieferten, wird noch berichtet.
Die 1876 verabschiedete Verfassung folgte in der Definition der persönlichen Grundrechte der Verfassung von 1869. Bis 1881 waren bis auf die Religionsfreiheit alle Ziele der Revolution von 1869 erreicht.

- In Art. 11 der Verfassung wird die katholische Religion zur Staatsreligion erklärt. Anderen Religionen gegenüber sollte Toleranz geübt werden, doch wurde ihnen öffentliches Hervortreten nicht gestattet.
- Art. 12 ist der Bildung gewidmet: Jeder ist frei, einen Beruf zu wählen und ihn so zu erlernen, wie es ihm am günstigsten erscheint. Jedem Spanier wird das Recht zugestanden, im Einklang mit dem Gesetz Schuleinrichtungen zu gründen. Für die Titelvergabe ist der Staat zuständig. Die Pflichten der Lehrenden und die Regelung des Lehrbetriebes in den vom Staat finanzierten Einrichtungen wurden einem speziellen Gesetz überlassen.

Im Kongreß wurde das Recht zur Gründung privater Bildungseinrichtungen von den Liberalen und der Unión Católica[62] gefordert. Die Unión Católica sah eine Beschneidung ihrer Freiheit darin, daß die Titelvergabe allein dem Staat oblag. Anders sahen dies die Konservativen, die die Intervention des Staates im Bildungswesen befürworteten. Mit dem Königlichen Dekret vom 26. Februar 1875 wurden die Art. 16 und 17 des Dekrets vom 21. Oktober 1868 außer Kraft gesetzt[63], d.h. daß die Freiheit der Lehrkräfte, Lehrmethoden, Lehrbücher und Lehrpläne zu bestimmen, aufgehoben wurde. Ein Rundbrief des Ministers Orovio hatte den Rektoren die Anwendung des Dekrets erläutert.

Die darauffolgende Auseinandersetzung führte zu einem neuen "Problem der Universität" (cuestion universitaria). Zunächst wurden infolge ihres Protestes zwei Professoren, beide Krausisten, von der Universität in Santiago vom Dienst suspendiert. In Madrid verfaßte der Jurist Azcárate einen Brief an den Rektor, in dem nach Puelles Benítez Krauses Einstellung zur Freiheit der Wissenschaft dargelegt wird. Gegen die Forderung des Ministers, nicht Lehren zu verbreiten, die der religiösen Doktrin des Staates, dem Prinzip der konstitutionellen Monarchie und der Ordnung und Disziplin im Bildungswesen zuwiderlaufen, argumentierte Azcárate mit der Unvereinbarkeit von Wissenschaft und Religion, mit der Instabilität der Regierungsformen und mit dem Mangel an Kriterien zur Unterscheidung zwischen sozialen Wahrheiten und sozialen Fehlern.[64] Giner nahm Stellung für seine Anhänger in Santiago, worauf ihn die Regierung nach Cádiz verbannte. Darauf folgten Proteste, Rücktritte und Suspendierungen seiner Gesinnungsgenossen.

So wie die Lehrer und Professoren, die 1870 ihrer Ämter verwiesen wurden, weil sie den Eid auf die Verfassung (1869) verweigert hatten, katholische Sekundarschulen sowie eine Hochschule für Philosophie, Literatur und Recht gegründet hatten, errichtete 1876, nach dem schnell aufgegebenen Projekt einer Hochschulgründung, Giner de los Ríos mit seinen Anhängern die Institución Libre de Enseñanza in Madrid. Sie setzten sich das Ziel, den geistigen Anschluß an die anderen europäischen Länder zu gewinnen. Neben einer privaten Sekundarschule, die Krauses Erziehungsziel entsprechen sollte, wurde 1878 auch eine dazugehörige Primarschule eingerichtet. Angewendet wurden die Erziehungs- und Unterrichtsmethoden Fröbels; angestrebt wurde die Bildung "freidenkender" Menschen. Ähnliche Schulen wurden auch in anderen Städten Spaniens organisiert. Besondere Merkmale dieser Einrichtungen waren der Werkunterricht und die Koedukation.

Das in der Verfassung von 1876 vorgesehene Schulgesetz kam nicht zustande. Durch einen Rundbrief des liberalen Ministers Albareda von 1881 wurde der Rundbrief Orovios von 1875 außer Kraft gesetzt. Demzufolge konnten die Professoren, die (gemäß dem Dekret von Orovio vom 26.2.1875) suspendiert worden waren oder ihr Amt niedergelegt hatten, auf ihre Stellen zurückkehren. In der Zeit von 1885 bis 1898, während der die Bildungspolitik vorwiegend in liberaler Hand war, verteidigten die Liberalen die Interessen des Staates im Schulwesen. Durch den Verlust Kubas und der Philippinen 1898 kündigte sich der Zusammenbruch der Restauration mit seiner "bescheidenen Prosperität und Ruhe" an.[65] Die dadurch ausgelöste moralische Krise führte zur Forderung nach sittlicher Erneuerung. Kritik an der damaligen Krise des geistigen Lebens kam aus allen politischen Richtungen: sowohl aus den Reihen der Krausisten, wie Costa, als auch vom Traditionalisten Ménendez-Pelayo.[66]

Die "Generation von 1898", deren hervorragendste Persönlichkeiten nach Auffassung Madariagas Costa, Ganivet, Unamuno und Ortega y Gasset waren, rief eine geistige Bewegung ins Leben. Die Lösungen, die sie anzubieten hatte, waren unterschiedlich. Madariaga betont:

"Sobald diese Männer sich der Zukunft zuwenden, trennen sie sich. Obwohl sie alle einem freien Spanien zugehören, einem Spanien, dessen alter Frömmigkeit das einst befehdete Europa die dogmatischen Fesseln abgenommen hat, trennen sich die Wege dieser Neuspanier, wenn es darum geht, was für ein Neuspanien werden soll. Mit Costa und Ortega stipulieren die einen ihre europäische Lösung. Wir müssen, sagen sie, Spanien zu einem europäischen Land machen. Mit Ganivet und Unamuno zögern die anderen, alles was Europa bedeutet, anzunehmen. Söhne Europas gewiß, aber nicht alle Söhne Europas sind gleich. Wir haben unsere Botschaft für die Welt. Europa ist Wirtschaft, Wissenschaft, Technik. Wir sind - was wir sind. Unsere Hauptsorge ist wie je die Rettung unserer Seele. Auf eine Klage, daß Spanien zur europäischen Zivilisation, d.h. zu ihrer Technik wenig beigesteuert hat, wird Unamuno antworten: 'Mögen sie nur erfinden!'"[67]

Eine Folge dieser geistigen Haltung war die Forderung, Spanien durch Reformen, insbesondere im Bildungswesen, zu regenerieren. Rückblickend auf das 19. Jahrhundert sei wiederholt, daß der Kampf um die Schule alle politischen Auseinandersetzungen begleitet hat. Die Stellung der verschiedenen politischen Gruppierungen und kulturellen Strömungen konnte in diesem Überblick nur verkürzt dargestellt werden.[68] Ein erschöpfendes Resümee wird erschwert durch die unscharfe begriffliche Definition des politischen Spektrums sowie durch die Vielschichtigkeit der Problematik, die sich im Kampf zwischen Kirche und Staat um das Bildungswesen herausbildete, der letztlich ein Kampf um den Menschen war. Für das letzte Drittel des 19. Jahrhunderts wird die politische Landschaft abgestuft in: die extreme Rechte (Neukatholiken, Karlisten, die Unión Católica), die katholische Hierarchie, die Konservativen, die Liberalen und die extreme Linke (Republikanische Gruppen, Anarchisten, Sozialisten u.a.).
Die Kontrahenten hatten jeweils politische Kampfbegriffe, deren Bezug zur französischen Sprache und Realität offensichtlich ist: "Klerikalismus" auf der einen Seite, "Cesarismus" und "Jakobinismus" auf der anderen.

So standen im bildungspolitischen Kampf stets Machtfragen im Vordergrund. Im wesentlichen waren diese konzentriert auf zentrale Forderungen: die "katholische Einheit" der Nation, der Lehrauftrag des Staates, die Freiheit der Wissenschaft, die Freiheit der Lehre, das Aufsichtsrecht der katholischen Kirche in den öffentlichen Schulen, die Verbindlichkeit des

Religionsunterrichts. Bei der Stellungnahme zu diesen und anderen Forderungen kam es mitunter zu Übereinstimmungen zwischen verschiedenen Gruppierungen, oft bei unterschiedlicher Argumentation. So waren z.B. sowohl die "extreme Rechte" als auch die "extreme Linke" gegen die Lehrhoheit des Staates. Für die Neukatholiken war dies Sache der Familie, für die Republikaner Sache der Gesellschaft. Den Liberalen wurde von beiden Gruppierungen Opportunismus wegen ihrer zwiespältigen Position vorgeworfen: Obwohl sie nach ihrer Ideologie die Allmacht des Staates im Schulwesen begrenzen wollten, befürworteten sie in der Realpolitik seine Aufsichtsfunktion. Die Konservativen waren dem Staat gegenüber grundsätzlich positiv eingestellt.

Der Art. 11 der Verfassung von 1876, der den Katholizismus zur Staatsreligion erklärte, aber zugleich Toleranz gegenüber den anderen Religionen verkündete, wurde von den verschiedenen Gruppierungen unterschiedlich interpretiert. Für die katholische Hierarchie und die extreme Rechte stand dieser Artikel zusammen mit Art. 2 des Konkordats von 1851 als Garant für die "katholische Einheit" des Landes. Den Konservativen und den Liberalen dagegen galt die "katholische Einheit" nur noch als ein historisches Prinzip, das ihrer Auffassung nach nur wenig Bezug zur Realität hatte. Demgegenüber argumentierten die Konservativen auch mit Art. 11 der Verfassung für die Einschränkung der Lehrfreiheit,um Angriffe gegen die Staatsreligion abzuwenden.

Überschneidungen der unterschiedlichen Interessen sind auch in späteren Jahren zu beobachten. Beispiel hierfür ist das 1887 von den Liberalen verabschiedete Assoziationsgesetz (Ley de asociaciónes), das 1901 zu einer Auseinandersetzung in der Schulpolitik führte. Nach diesem Gesetz sollte auch der Status der katholischen Assoziationen, die nicht im Konkordat von 1851 aufgeführt waren, geregelt werden. Dem Konkordat zufolge waren in Spanien drei lehrende Mönchsorden zugelassen: von St. Vincent de Paul, von St. Philippe de Néri und ein dritter, der in Übereinstimmung zwischen Kirche und Staat festzulegen war. Nach Auslegung der Regierung war für ganz Spanien der dritte Orden zu bestimmen, die Bischöfe hingegen wollten für jede der 49 Provinzen eine gesonderte Regelung treffen. Die strenge Anwendung des Gesetzes hätte die Lehrtätigkeit der lehrenden Mönchsorden stark beeinträchtigt. Daher stellten sich die Kirche, die Konservativen und die Republikaner dagegen, und zwar im Namen der Lehrfreiheit, die ideell in den Liberalen ihre eigentliche Basis hatte.

Im letzten Jahrzehnt des 19. Jahrhunderts stimmten die verschiedensten politischen Gruppierungen und Persönlichkeiten in einem Punkt überein: in der Kritik an der Universität. Nachdem jahrhundertelang auf ihre Zentralisierung und Homogenisierung hingearbeitet worden war, wurde sie nun als "zentralistisch", "napoleonisch" oder ganz einfach als "französisch" beschimpft. Rückblickend stellt Carlos París drei grundlegende Merkmale der spanischen Universität des 19. Jahrhunderts in den Vordergrund: a) ihre Verstaatlichung durch einen zentralistischen Staat, der zuständig für die Titelvergabe war und Studienpläne und Privilegien vergab (z.B. das Promotionsrecht an die Zentrale Universität von Madrid), b) ihre Finanzierung durch den Staat und c) ihr beamteter Lehrkörper.[69]

Ein einziger Unterschied zur napoleonischen Universität wird von dem viel zitierten Zeitgenossen Giner de los Ríos hervorgehoben:

"Es bestehen gegenwärtig - sowohl nach der Gesetzgebung und dem Gewohnheitsrecht als auch nach der Tradition, die, obwohl oft unterbrochen, mit jeweils größerer Härte wiederhergestellt wurde - die individuelle Freiheit des Hochschullehrers, der nur dem allgemeinen Recht unterworfen ist, sowie die absolute, intellektuelle, religiöse und politische Neutralität des öffentlichen Lehrens. Ultramontane und Freidenker, Republikaner und Karlisten, Materialisten, Idealisten, Positivisten und Radikale haben in großem Maße in unserem schon ein halbes Jahrhundert alten Hochschulsystem davon Gebrauch gemacht, und man muß hinzufügen, daß sie dieses im allgemeinen mit Würde und Maß getan haben."[70]

Die Lösung aller mit der Universität verbundenen Fragen wurde von so verschiedenen Persönlichkeiten, wie dem Traditionalisten Menéndez-Pelayo und dem ehemaligen Präsidenten der Republik Salmerón, in der "Autonomie" dieser Institution gesehen.[71]

4. Das 20. Jahrhundert bis zur Bildungsreform der siebziger Jahre

4.1 Autonomiebestrebungen für die Universität

Von 1901 bis 1903 - zunächst unter dem konservativen Minister García Alix, danach unter dem liberalen Minister Romanones - ist eine relative Kontinuität der Bildungspolitik zu beobachten. Beide bezogen auch den Hochschulbereich in ihre Reformbestrebungen ein. Unter García Alix wurde das seit dem Moyano-Gesetz vernachlässigte Studium der Philosophie und Literatur (Letras) in drei Studiengänge (seccíónes) getrennt: Philosophie, Literatur und Geschichte (Königliches Dekret vom 20. Juli 1900); das seit 1868 unverändert gebliebene Studium der Pharmazie wurde aktualisiert (Königliches Dekret vom 31. Juli 1900); aus dem Jurastudium entstanden zwei Fachrichtungen: Jura und Sozialwissenschaften; diese nur in Madrid (Königliches Dekret vom 2. August 1900); das Studium der Physik und der Chemie wurde in zwei unabhängige Fachbereiche geteilt (Königliches Dekret vom 4. August 1900).[72] Romanones bestätigte sofort nach seiner Amtsübernahme den Rundbrief Albaredas von 1881.[73] Damit wurde die

Freiheit der Lehre (libertad de cátedra) erneut betont. Auch wurde mit einem Königlichen Dekret (vom 18. Juli 1901) die Stipendienvergabe an Studenten ermöglicht, die ihr Studium im Ausland erweitern wollten.

Die Parteienlandschaft änderte sich: Die klassischen Parteien sowie die Parteien, die links und rechts von ihnen angesiedelt waren, spalteten sich. Dementsprechend wurde auch der turnusmäßigen Regierung der Konservativen und Liberalen ein Ende gesetzt. Von 1902 bis 1923 wechselten sich 39 Regierungen und 53 Kultusminister ab.[74] Ende des 19. Jahrhunderts war es, wie schon angedeutet, zu einem Konsens der verschiedenen politischen Gruppierungen gekommen hinsichtlich der Dezentralisierung der Universitäten und ihrer sich daraus ergebenden Autonomie.[75] Sowohl García Alix als auch Romanones setzten sich für eine administrative, finanzielle und akademische Autonomie der Universität ein. Romanones Gesetzentwurf, von García Alix übernommen, hatte die Zustimmung von zehn Universitäten und von zwei Kommissionen gefunden, die nacheinander eingesetzt worden waren und in ihrer Zusammensetzung das politische Spektrum der Cortes widerspiegelten.

Die Zentralisierung der Universitäten wurde im Entwurf kritisiert und als Nachahmung Frankreichs bezeichnet.[76] Erstrebenswert erschien den Verfassern die Organisation der Universitäten in England, Deutschland und den Vereinigten Staaten. An der Universität wurde die Gründung von fünf Räten vorgesehen:

1) Der Allgemeine Rat, gebildet aus Professoren der einzelnen Fakultäten, der dem Minister Kandidaten für das Amt des Rektors vorschlagen sollte.
2) Die Fakultätsräte (Juntas), d.h. die leitenden Räte der Fakultäten, gebildet aus dem Lehrpersonal unter der Leitung der Dekane. Sie sollten zuständig für die finanzi-

elle Verwaltung und die wissenschaftliche Organisation der Fakultäten sein und dem Minister Kandidaten für das Amt des Dekans vorschlagen.

3) Der Außergewöhnliche Rat, gebildet aus aktiven und Ehrenmitgliedern der Hochschule und der Sekundarschulen. Er sollte für die Wahl der Senatoren zuständig sein.
4) Die Generalversammlung, gebildet aus Assoziationen der Studenten. Die Statuten dieser Assoziationen sollten vom Rektor gebilligt werden. Die Funktionen dieser Gruppierung, deren Gründung die Originalität dieses Entwurfs ausmacht, wurden freilich nicht genannt.
5) Der Rat der Universität, dem der Rektor, die Dekane, die Senatoren sowie zwei Repräsentanten der Professoren und Studenten angehören sollten, mit der gleichen Funktion für die gesamte Universität, welche die Junten in den Fakultäten haben sollten.

Die materielle Unabhängigkeit der Universitäten, die im Entwurf proklamiert wurde und diese Umstrukturierung gewährleisten sollte, beruhte aber auf keiner realen Basis. Beibehalten wurden die Wettbewerbsprüfungen (oposiciónes), weil der Versuch, die direkte Ernennung von Professoren einzuführen, zahlreiche Proteste hervorgerufen hatte.
Der Gesetzentwurf stieß auf keinen großen Widerstand.[77] Aus den Reihen der Neukatholiken meldete man Bedenken gegen eine zu abrupte Dezentralisierung und gegen die Beteiligung der Studenten an. Befürwortet wurde das deutsche Modell, d.h. eine wissenschaftliche Dezentralisierung, dagegen aber verwaltungsmäßiger Zentralismus sowie die Reduzierung und Spezialisierung der Universitäten. Auf liberaler Seite äußerte sich Skeptizismus gegenüber einer ökonomischen Autonomie aufgrund eines nicht existierenden Haushalts. Die Verwaltungsautonomie wurde einerseits bemängelt mit dem Argument, daß sie das Entstehen eines "Kazikentums" begünstigen könnte. Andererseits wurde von der beabsichtigten Autonomie der Universitäten u.a. die Beendigung des üblichen Beru-

fungsverfahrens erhofft, demzufolge ein Zwanzigjähriger Professor und Chef einer Klinik werden konnte. Das Gesetz wurde in den Cortes schnell verabschiedet, aber nicht angewendet. Der erste Schritt in Richtung Autonomie wurde erst 1919 unter dem konservativen Minister Silió getan (Königliches Dekret vom 21. Mai 1919).[78] In der einführenden Begründung des Dekrets wurde an die ruhmreiche Vergangenheit der spanischen Universität erinnert und beklagt, daß gegenwärtig ihre einzige Funktion die Titelvergabe sei. Auch habe die ständige Intervention des Staates die Vielfalt in der universitären Landschaft beseitigt und somit jede schöpferische Initiative im Keim erstickt. Die "Anfänge einer neuen Autonomie" sollten in den fünf Artikeln und zahlreichen Grundsätzen dieser Neuregelung konkretisiert werden. Die Hochschuleinrichtungen sollten den Status von Rechtspersönlichkeiten haben (Art. 1.1) und über Satzungshoheit verfügen (Art. 2). Autonomie sollte den Universitäten in ihrer doppelten Eigenschaft, einerseits als berufsbildenden Institutionen, andererseits als pädagogischen Kulturinstitutionen verliehen werden. Die Festlegung eines minimalen berufsbildenden Fächerkanons sollte Sache des Staates sein, seine Bereicherung, Aufteilung und Organisation aber Sache der Universitäten. Die pädagogische, kulturelle und wissenschaftliche Planung und Tätigkeit sollte allein der Universität obliegen (Art. 1.2 u. 3). Den Fakultäten wurde das Recht gegeben, ihre pädagogischen Methoden und inhaltlichen Auswahlkriterien zu bestimmen (Art. 1.2). Die lehrende und die prüfende Funktion wurden voneinander getrennt. Die Abschlußzeugnisse der Universität sollten nur zur Ablegung einer Prüfung vor einer staatlichen Kommission berechtigen. Den Universitäten wurde das Promotionsrecht zugesprochen; die Vergabe der Titel "Lizentiat" und "Doktor" aber sollte dem Ministerium vorbehalten sein (Art. 1.2). Die Rektoren, Vizerektoren und Dekane sollten von den kollegialen Leitungsorganen gewählt werden (Art. 1.6). Die Regelung des künftigen Einstellungsverfahrens von Professoren wurde den Statuten überlassen

(Art. 1.10). Die Universitäten sollten zuständig sein für die Einstellung des Verwaltungs- und des untergeordneten Personals (Art. 1.11). Für die Rechtsaufsicht der Universität sollte das Ministerium zuständig sein (Art. 4).
Da das nötige Geld fehlte, mißglückte der Versuch. Trotzdem wurde den Cortes ein Gesetzentwurf vorgelegt, und an den Universitäten wurden Satzungen verfaßt. Aus dem Projekt wurde aber kein Gesetz, und 1922 wurde jegliche Autonomie aufgehoben, mit der juristisch richtigen Begründung, daß es dem Moyano-Gesetz und anderen Gesetzen entgegenwirke. In diesem Zusammenhang muß erwähnt werden, daß Miguel de Unamuno, eine der wichtigsten Persönlichkeiten dieser Zeit, ein erbitterter Feind der universitären Autonomie war, die er als "Desaster" bezeichnete. Er stellte die Fähigkeiten ihrer Befürworter in Frage, eine solche Institution zu tragen, und sah in ihr ein Refugium für "Kasten".[79]

4.2 Die Diktatur Primo de Riveras

Am 13. September 1923 errichtete Miguel Primo de Rivera mit dem Einverständnis König Alfons XIII. eine Militärdiktatur. Sie endete 1930 mit seiner Abdankung sowie der seines Nachfolgers Berenguer. Dies führte dazu, daß der König das Land verließ und am 14. April 1930 die Zweite Republik ausgerufen wurde.

Die Bezeichnung "Diktator", die Primo de Rivera selbst für sich in Anspruch nahm, hat dazu geführt, sein auf eigenen Eingebungen basierendes Regime einer faschistischen Diktatur gleichzusetzen.[80] Dies ist jedoch eine Fehlinterpretation. Madariaga spricht von der Schwierigkeit, ihn als liberal oder konservativ zu bezeichnen:

"In seiner Kommunalpolitik war er ein Liberaler, in Arbeiterfragen auf gewisse Weise ein Sozialist, in Verfassungsfragen ein Konservativer, im Unterrichtswesen ein Reaktionär, in der Militärverwaltung ein Opportunist, eine echte Führerbegabung in marokkanischen Angelegenheiten, in der auswärtigen Politik aber ein mittelmäßiger Dilettant."[81]

In der spanischen Bildungsgeschichtsschreibung wird auch Riveras Bildungspolitik nicht eindeutig abgewertet. Es wird ihm zugestanden, den Ausbau der Primarschulen in einem beträchtlichen Ausmaß vorangetrieben[82] und eine gewisse Technisierung der Sekundarschule bewirkt zu haben.[83] Kritisiert wurde vorwiegend die Einschränkung der Lehrfreiheit in den öffentlichen Schulen, da Angriffe gegen die Einheit des Landes oder gegen Institutionen, wie Familie, Eigentum, Religion oder Nation, mit der Verweisung von der Schule und einem Verfahren bestraft wurden.[84] Die Ernennung der Schuldirektoren fiel dem Minister zu, und die Schulbücher wurden vereinheitlicht.

Am 19. Mai 1928 trat das "Königliche Dekret-Gesetz zur Reform der Universität" in Kraft.[85] Damit wurde der Status der Universität als "Rechtspersönlichkeit" (gemäß Königlichem Dekret vom 9. Mai 1924) bestätigt (Art. 1). Für alle Fakultäten wurde ein Mindestfächerkanon festgelegt (Art. 5). Es wurde aber den Fakultäten freigestellt, mit Genehmigung des Ministeriums zusätzlich bis zu zwei verbindliche Fächer (Art. 6 u. 7) sowie eine Anzahl unverbindlicher Fächer (Art. 9) einzuführen. Alle Fächer wurden klassifiziert in

a) grundlegende (elementales) theoretische oder praktische Kurse, die zur Ausübung eines Berufes führen sollten;
b) theoretische oder praktische Kurse in einer grundlegenden oder mit dieser in Verbindung stehenden Disziplin, die vorwiegend der beruflichen Ausbildung dienen sollten;
c) Kurse zur intellektuellen Bildung, die auf Forschung und Wissenschaft vorbereiten sollten (Art. 10).

Der Besuch der Kurse der Kategorien b) und c) war nicht verbindlich (Art. 15). Die Studiengänge für die Kurse der Gruppe a) sollten von den Fakultäten genehmigt werden (Art. 19). Es stand dem Ministerium zu, sie alle fünf Jahre zu ändern (Art. 69). Die Fakultäten hatten das Recht, weitere Studienpläne zusammenzustellen, die den nationalen und regionalen Interessen zugute kommen sollten, und entsprechende "Studienzeugnisse" zu vergeben (Art. 21 u. 24). Auch hatten sie das Recht, den Titel "Lizentiat" an Personen zu verleihen, die den erforderlichen Besuch der Kurse der Gruppe a), die Kenntnis von zwei Fremdsprachen, einen Mindestaufenthalt in der Fakultät und das Bestehen einer Prüfung (revalida) nachweisen konnten (Art. 50 u. 51).

In den privaten Hochschulen, die eine erfolgreiche pädagogische und wissenschaftliche Tätigkeit von mindestens 20 Jahren nachweisen konnten, sollten die Prüfungen von einem Professor der staatlichen Universitäten und von zwei Lehrkräften der jeweiligen Hochschule abgenommen werden (Art. 53). Dagegen protestierten die staatlichen Universitäten; Studenten gingen auf die Straße, und Professoren legten ihr Amt nieder. Die Universität Barcelona und die Zentrale Universität Madrid wurden geschlossen. Am 24. September 1929 wurde der umstrittene Art. 53 außer Kraft gesetzt.[86]

Das Promotionsrecht war allen Universitäten zugesprochen (Art. 58); die akademischen Titel wurden aber vom Ministerium vergeben (Art. 63e). Die Freiheit der Lehre beschränkte sich auf die Auswahl der Lehrmethoden und Lehrquellen. Es wurde untersagt, die gesellschaftlichen Grundprinzipien, die Gewalten im Staat und die "Autoritäten" anzugreifen (Art. 73). Dem Ministerium oblag die Kontrolle der pädagogischen und ökonomischen Tätigkeiten sowie des pädagogischen und administrativen Personals (Art. 67).

4.3 Die Zweite Republik

Stärker denn zuvor spiegelte die Bildungspolitik während der Zweiten Republik (1931-1939) den politischen Machtkampf im Lande wider. Den unter der provisorischen Regierung und dem Ministerpräsidenten Manuel Azaña bzw. dem Kultusminister Fernando de los Ríos, Mitglied der Sozialistischen Arbeiterpartei und ehemaliger Lehrer an der Institución Libre de Enseñanza, angestrebten Erziehungszielen wurde danach unter der Koalitionsregierung von Radikalen und Katholiken (November 1933 bis Februar 1936) entgegengewirkt. Während der darauffolgenden Volksfront von Republikanern, Sozialisten, Syndikalisten und Kommunisten wurden sie wieder aufgegriffen und im Bürgerkrieg (1936-1939) als politisches Kampfmittel benutzt. Die Richtlinien für den Lehrkörper dienten also im ideologischen Machtkampf als Waffe. Die Verfassung vom 9. Dezember 1931 brachte die Trennung von Kirche und Staat. Die religiösen Orden wurden verboten[87], das Schulwesen verweltlicht. Die spanischen Bischöfe und der Heilige Stuhl protestierten vehement dagegen.

Die Reformversuche und -maßnahmen der linken Regierungen zielten vornehmlich auf eine Einheitsschule hin. Initiiert wurde die Reform der Primarschule, der Schulaufsicht, welche die erforderlichen Maßnahmen zu überwachen hatte, der übrigen Verwaltung des Bildungswesens sowie der Primarlehrerausbildung, die später an den Universitäten angesiedelt werden sollte. Zunächst sollten dreimonatige Kurse die erforderliche Zahl von Lehrern heranbilden. Der unter Manuel Azaña eingebrachte Gesetzentwurf zur Reform der Universität wurde nicht verabschiedet. Die herkömmlichen fächergebundenen Prüfungen sollten durch jährlich zwei die Gesamtheit der Fächer umfassende Prüfungen ersetzt werden; die Studenten sollten eigene Studienpläne zusammenstellen, die von den Fakultäten genehmigt werden mußten; das Studium sollte aus einem grundlegenden und einem darauf aufbauenden spezialisierten Zyklus

bestehen. Dem säkularisierten und dezentralisierten Bildungssystem im republikanischen Teil Spaniens, in dem Koedukation, aktive Lehrmethoden und die Regionalsprachen gefördert wurden, stand das Bildungssystem in dem von Franco beherrschten Teil gegenüber, dessen Programme eine religiöse, patriotische und humanistische Erziehung der Jugend vorsahen.
1934 hatte José Antonio Primo de Rivera, Sohn des Diktators Miguel Primo de Rivera, das Programm der "Falanga Española y de las Juntas de Ofensiva Nacional-Sindicalista" verfaßt. 1936 wurde Franco in Burgos zum "Chef der nationalspanischen Regierung und des spanischen Volkes" ausgerufen. Am 28. März 1939 eroberten seine Truppen Madrid. Damit war der Bürgerkrieg beendet.

4.4 Nach dem Bürgerkrieg

Franco strebte eine soziale Ordnung an, die auf der Grundlage "der Körperschaften des gesellschaftlichen Lebens, Familie, Gemeinde und Syndikat"[88] errichtet werden sollte. José Antonio Primo de Rivera hatte den Begriff "vertikale Syndikate" geprägt, in denen Arbeitnehmer und Unternehmer in derselben Organisation zusammengefaßt sein sollten. Klassen und Parteien sollten aus dem Staatsgefüge verschwinden; dem "liberalen Individualismus" wurde der Kampf angesagt.

Der Kampf um das Bildungswesen wurde nach Beseitigung der Kräfte, die sich für die Republik engagiert hatten, freilich weitergeführt: zunächst zwischen der katholischen Kirche und der Falange. Dazu ein Zitat des linksliberalen Puelles Benítez:

"...die Spannungen zwischen der Falange und ihren totalitären Aspirationen und dem hierarchischen Katholizismus, der nicht in allen, aber in bestimmten Bereichen, wie beispielsweise im Bildungswesen, monopolistische Aspirationen hatte,

sowie die neue internationale Lage seit 1942 führten zum Ausbleiben (im Text: 'Vermeidung') der Effektivität eines totalitären Regimes.
Hinsichtlich des Bildungswesens aber stimmen beide Tendenzen in einem erzieherischen und kulturellen Dirigismus überein, der mit dem etablierten Terminus 'Nationalkatholizismus' bezeichnet wird."[89]

Es muß hier wieder auf ein semantisches Problem hingewiesen werden: Am Anfang der vierziger Jahre hat sich im Umfeld des Antagonismus zwischen dem nationalen Spanien und seiner Kontrahenten ein neues Vokabular für die Beschreibung des politischen Gegners herauskristallisiert. Auf der einen Seite wird von "Nationalkatholizismus" (s.o.), von "faschistischem Paternalismus", von "katholischem Faschismus" gesprochen, auf der anderen Seite werden Prägungen gebraucht wie "judaisch-marxistische Revolution", "Antikatholizismus" oder "Antihispanismus".
Um die Auffassung zu entkräften, daß die Bildungspolitik der Franco-Ära von einer durchgehenden totalitären Gleichschaltung gekennzeichnet war, greife ich auf die Chronologie und die politischen Biographien der Bildungsminister jener Zeit zurück. Dadurch soll ausgedrückt werden, daß mindestens drei Kräfte, nämlich die Falange und zwei katholische Bewegungen - die Katholische Nationale Propagandistenorganisation (ACNP) und die Laienorganisation Opus Dei - im Kampf um das Bildungswesen konkurriert haben. Der Standpunkt der Kirche ist in einer Instruktion der Bischöfe von 1951 enthalten:

"Der Feind der Freiheiten ist der Liberalismus, insofern er Freiheiten anerkennt, obwohl sie dem Gemeinwohl, dem göttlichen und natürlichen Recht entgegengesetzt sind. Als das dem Liberalismus engegengesetzte, andere Extrem kommt der Totalitarismus hinzu, der der staatlichen Autorität verzehrende und unbeschränkte Mächte ohne die notwendige Achtung vor der menschlichen Person einräumt..."[90]

Noch während des Bürgerkrieges wurde der Monarchist Pedro Sáinz Rodríguez in der ersten Franco-Regierung vom 31. Januar 1938 bis zum 27. September 1939 "Minister für nationale

Bildung" (de Educación Nacional). Die Reorganisation des Bildungswesens, die parallel zur rechtlichen Untermauerung des Staates[91] lief, wurde während seiner kurzen Amtszeit mit der Reform der Sekundarschule begonnen (20. September 1938). Die Aufnahme in die Universität sollte jetzt sowohl für die Schüler der öffentlichen als auch für die der privaten Schulen nach Bestehen eines "Staatsexamens" erfolgen, das mit der Vergabe des Titels "Bachiller" (Sekundarschulabsolvent) verbunden war. Dies setzte eine Aufwertung der Privatschulen voraus, deren Schüler die sieben Schuljahre durchlaufen sollten, ohne an öffentlichen Schulen geprüft zu werden.

Es folgt die lange Amtszeit von José Ibáñez Martín von 1939 bis 1951. Dieses vierte Jahrzehnt des 20. Jahrhunderts wurde von den bekannten spanischen Bildungshistorikern Tusquets und Benavent die Periode der Konsolidierung der frankistischen Bildungspolitik genannt.[92]

José Ibáñez Martín war eng mit der Katholischen Nationalen Propagandistenorganisation (ACNP) verbunden, einem der Kernpunkte des spanischen Katholizismus. Die Gründung dieser Organisation durch den Jesuiten Angel Alaya im Jahr 1909 hatte den Beginn der "Katholischen Aktion"[93] in Spanien bedeutet. Nach Aussage von Montoro Romero waren in den Jahren 1940 bis 1970 mindestens 71 Professoren an den spanischen Universitäten Mitglieder der ACNP, d.h. fast 10 Prozent der Professoren. Besonders hervorzuheben sind dabei die Rechtswissenschaftler, die zu 40 Prozent Mitglieder der ACNP waren.[94] Während der Amtszeit von Ibáñez Martín wurde der Opus Dei[95] im Jahr 1941 von der katholischen Hierarchie als katholische Organisation anerkannt. Auf das Bestreben seiner Mitglieder nach Macht und Einfluß gehe ich im folgenden näher ein.

Unter der Leitung von Ibáñez Martín als ständigem Präsidenten wurde 1939 der Consejo Superior de Investigaciónes Cientificas CSIC (Oberster Rat für Wissenschaftliche Forschung) gegründet. Ihr Generalsekretär und Koordinator wurde José Maria Albareda Herrera, Mitglied des Opus Dei. Montoro Romero schreibt, daß der CSIC während der zwölfjährigen Amtszeit von Ibáñez Martín unter dem Einfluß des Opus Dei und dessen technokratischer Ideologie gestanden habe.[96] Dieser Minister verabschiedete zwei grundlegende Gesetze: 1943 ein Hochschulgesetz[97] (Ley de Ordenación Universitaria) und 1945 ein Primarschulgesetz.

Durch diese Gesetze wurde das Bildungswesen in Einflußsphären aufgeteilt: Die Hochschule wurde der Falange zugesprochen, die Primarschule der Kirche.[98] Zu den von Manuel de Puelles Benítez vorgebrachten Argumenten, die diese Machtverteilung belegen, gehören die ideologische Ausrichtung des ganzen Hochschulgesetzes, bestimmte Vorschriften, wonach z.B. der Rektor der Falange angehören mußte, die zentrale Ernennung der Leitungsorgane der Universitäten sowie die Überprüfung der politischen Einstellung der zu berufenden Hochschullehrer durch die zuständigen Falange-Organe. Die ausschlaggebende Rolle der Kirche in der Primarschule dagegen erklärt Puelles mit dem Bezug des Gesetzestextes auf die Enzyklika "Divini illius magistri".

Bei der Bewertung des erwähnten Hochschulgesetzes trennt der Philosophieprofessor Carlos París[99] zwischen der ideologischen Ausrichtung des Gesetzes, die er als eher "rhetorisch" bezeichnet, und dessen Wirksamkeit. So weist er darauf hin, daß die Struktur des Hochschulsystems nach dem Moyano-Gesetz von 1857 beibehalten wurde. Das heißt, daß alle Voraussetzungen einer zentralistisch orientierten Universität bereits vorhanden waren. Zusätzlich wurden nun Mechanismen eingebaut, die die Universitäten in das ideologische Fahrwasser der Falange bringen sollten. Das waren nach Auffassung von Carlos París: die absolute Macht der Rektoren, die Mitglieder der Falange sein mußten (Art. 40), die unselbständige

Rolle der Dekane, die nur Delegierte des Rektors waren und von diesem ernannt wurden (Art. 43), die nur beratende Rolle der kollegialen Leitungsorgane (Art. 53, 54 u. 55), das Bestehen einer Dienststelle der Falange für Angelegenheiten des Lehrkörpers der Falange (Servicio Español del Profesorado de Enseñanza Superior de Falange Española Tradicionalista y de las JONS), dessen Leiter Mitglied der Leitungsjunta der Universität war. Die Lehramtsbewerber mußten, wie oben angedeutet, eine von der Falange bestätigte Zustimmungserklärung zu den Prinzipien des Staates vorlegen (Art. 58). Die Studenten sollten in den SEU (Sindicato Español Universitario) zwangsorganisiert werden, in einem Colegio Mayor wohnen oder bei einer solchen Einrichtung eingeschrieben sein. Sie sollten eine politische Ausbildung durchlaufen, Leibesübungen praktizieren und einen Arbeitsdienst leisten.
Das war, so Carlos París, das "totalitäre Modell"[100], das für die spanische Universität aufgestellt worden war. Die Realität aber blieb von diesen Zielsetzungen weit entfernt. Die totalitären Mechanismen funktionierten schon anfangs nicht und im Laufe der Zeit immer weniger. París meint, man könne nicht behaupten, daß die Rektoren der spanischen Universitäten zwischen den Jahren 1943 und 1970 Falangisten gewesen seien oder eine autokratische Leitung ausgeübt hätten. Im Gegenteil hätten die kollegialen Gremien und die Professoren eine viel größere Rolle als vorgesehen gespielt. Die politische Bildung und die vorgeschriebene Sportausbildung standen am Ende der Liste der fakultativen Fächer und wurden nicht ernsthaft betrieben.

Über die Studentengewerkschaft SEU und ihre Entwicklung wird später berichtet.[101] París weist darauf hin, daß die Personalpolitik der ersten Jahre nach dem Bürgerkrieg, die, wie schon erwähnt, in der Ausschaltung der politischen Gegner und der Festlegung eines neuen Einstellungsverfahrens bestand, einen größeren Einfluß auf das Hochschulwesen ausgeübt habe als das Hochschulgesetz selbst. Diese Personalpolitik habe u.a. den Einstieg des Opus Dei über die Lehrstühle der Universitäten in wichtige Staatsämter bewirkt.[102]

Noch vor dem Inkrafttreten des Hochschulgesetzes wurden die Colegios Mayores[103] in ihrer alten Tradition wieder institutionalisiert (1942). Die angestrebte Aufwertung dieser Einrichtungen, auch in den nachfolgenden gesetzlichen Maßnahmen, scheiterte aber an finanziellen Schwierigkeiten. Sie erfaßten 1959-60 nur 8,5 Prozent, 1962-63 nur 10 Prozent und 1966 nur 14,57 Prozent der Studenten.[104] 1943 wurde die Fakultät für Ökonomie und Politik gegründet. Ab 1944 wurden entsprechend dem Hochschulgesetz die Studenten im Sindicato Espanol Universitario[105] (SEU) zwangsorganisiert.

Von 1951 bis 1956 war Joaquín Ruiz-Giménez Cortés Minister für Nationale Bildung. Seine Karriere und seine Kursänderungen geben ein Bild der politischen Auseinandersetzungen jener Zeit wieder. Davon nur einige Etappen: Als aktiver Katholik und Botschafter im Vatikan war er Ende der vierziger Jahre bemüht, ein Abkommen zwischen dem Heiligen Stuhl und Spanien in die Wege zu leiten. Als er 1951 in die Regierung eintrat, fand er dort drei Falangisten, einen Monarchisten und einen weiteren Katholiken vor. Die Technokraten waren damals noch nicht in der Regierung vertreten; sie saßen aber auf Lehrstühlen und im Obersten Rat für Wissenschaftliche Forschung (CSIC).[106] Ruiz-Giménez versuchte, die zentrale Leitung der Universitäten aufzulockern, z.B. durch die Einführung eines Wahlverfahrens für Dekane und Vizedekane. Bei der Zusammensetzung der Berufungskommissionen setzte sich ein Automatismus durch, der die anfänglich ideologische Ausrichtung des Verfahrens ersetzte. Unter seiner Amtszeit wurde auch ein Gesetzentwurf zur Autonomie der Universität Salamanca verfaßt.
In den Universitäten vollzog sich ein Generationswechsel: 1956 traten die ersten Studenten ein, die den Bürgerkrieg nicht mehr bewußt erlebt hatten. Zeichen dieser neuen Situa-

tion war das Vorhaben junger Schriftsteller, einen Kongreß zu veranstalten. Ruiz-Giménez billigte das Vorhaben, doch die Regierung verbot es. Daraufhin gingen die Studenten erstmals auf die Straße. Die Unruhen führten schließlich zum Ausscheiden des Ministers sowie des Generalsekretärs der Falange. Neun Jahre später solidarisierte sich der Ex-Minister sogar mit der Studentenbewegung.[107]

Von 1956 bis 1962 war Jesús Rubio García Mina im Amt. Er galt als Falangist, gehörte aber nicht mehr zur "alten Garde".[108] 1957 sind zum ersten Mal zwei Mitglieder des Opus Dei in der Regierung. In demselben Jahr wurden die Technischen Schulen reformiert. Das Ingenieur- und Architekturstudium wurde vom Ministerium für Nationale Bildung übernommen und in zwei Stufen unterteilt: in Technische Mittelschulen und Technische Hochschulen (Escuelas Técnicas Superiores = ETS). Die Aufnahmeprüfung wurde durch ein Auslesejahr ersetzt. 1962 wurden die Abschlüsse der vom Opus Dei getragenen Universität Navarra offiziell anerkannt.

Es folgte die Amtszeit von Manuel Lora Tamayo, Minister "de Educación y Ciencia" (für Bildung und Wissenschaft) Er amtierte von 1962 bis 1968. Von Beruf Chemiker, galt er als Technokrat. Besondere Aufmerksamkeit wurde den Technischen Hochschulen während seiner Amtszeit gewidmet. Die Abänderung des Hochschulgesetzes 1965 führte zur Institutionalisierung des Fachbereichs[109] (departamento) und der Funktion des Assoziierten Professors[110] (agregado).

1968 wurde das Ministerium für Bildung und Wissenschaft von José Luis Villar Palasí übernommen. Damals setzte sich allmählich der Gedanke einer systemumfassenden Bildungsreform durch, für die sich der neue Minister engagierte. Die oben erwähnten Teilreformen hatten nämlich nach Auffassung der Bildungsexperten und der Öffentlichkeit nicht zu einer Erneuerung des Bildungswesens geführt. Dazu kam, daß der Gene-

rationswechsel von 1956 die Rezeption jener neuen Tendenzen (Rangordnung der Wissenschaftsdisziplinen und -methoden) ermöglicht und beschleunigt hatte, die in Westeuropa die Wissenschaftsentwicklung prägten. José Luis Abellan[111] spricht in diesem Zusammenhang vom Interesse für die Soziologie, von der Auseinandersetzung mit dem Marxismus sowie von der Betonung sozio-ökonomischer Fragen in allen Bereichen und auf allen Ebenen, der Polarisierung bestimmter Gruppen um den logischen Positivismus, der Wissenschaftsphilosophie und Sprachanalyse und dem kulturellen Anarchismus. Politisch sei die Generation von einem allumfassenden demokratischen Gefühl geprägt, nicht aber radikalisiert gewesen. Das habe, so José Luis Abellan, zu einem kritischen Konformismus geführt. Erst mit dieser Generation könne man von einer politischen Opposition innerhalb Spaniens sprechen, deren Einstellung den Übergang zur Demokratie auf dem Wege der Reformen und nicht auf dem der Revolution bewirkt habe. Institutionell habe sich diese Wende in der Gründung der Schulen für Psychologie und Psychotechnik 1961 sowie der Gründung des Zentrums für soziale Forschungen 1966 und des Anthropologischen Instituts 1965 widergespiegelt.
Am Vorabend der Bildungsreform trat eine neue Generation in das Rampenlicht. Es ist die Generation der 1968er, die von José Luis Abellan als Generation der "Neo-Nietzscheaner" bezeichnet wird.[112] Die Unruhen an den Universitäten in den Jahren 1967-68 förderten zunächst den Gedanken, nur den Hochschulbereich umzustrukturieren. Die Erkenntnis, daß die Universität nicht wirksam zu reformieren sei, ohne daß die anderen Bereiche des Bildungswesens in die Erneuerung einbezogen würden, führte jedoch zur Befürwortung einer Gesamtreform.
1968 wurden drei neue Universitäten gegründet: in Madrid, Barcelona und Bilbao. In demselben Jahr wurde im Ministerium ein Weißbuch[113] (Libro Blanco) verfaßt, das aus zwei Teilen besteht, a) einer kritischen Bestandsaufnahme des bestehenden Schulsystems, b) den Grundlagen der anvisierten Bildungspolitik.

Auf der Grundlage dieses Weißbuches und der darauffolgenden Diskussion wurde am 4. August 1970 unter dem Titel "Ley general de educación y financiamento de la reforma educativa"[114] ein neues Bildungsgesetz in Kraft gesetzt. Intention des Gesetzgebers war, in der Zeit von 1970 bis 1980 ein Bildungssystem aufzubauen, das soweit als möglich dem Prinzip der Chancengleichheit gerecht werden sollte, wie es in jener Periode der Bildungsexplosion verstanden wurde. Es sollte keine Sackgassen aufweisen, in allen Schulformen und auf allen Schulstufen allgemeinbildende wie praktische und technologische Kenntnisse vermitteln und Brücken zur Berufswelt bauen, die in beide Richtungen beschritten werden können. Spanien reihte sich auf diese Weise in die Reformströmung ein, die - im Anschluß an Nordamerika - ganz Westeuropa erfaßt hatte. Beide Dokumente habe ich in einer früheren Untersuchung analysiert.[115] Im zweiten Teil dieser Arbeit wird des öfteren auf das Libro Blanco und auf das Gesetz zurückgegriffen.

Nach Francos Tod im Jahr 1975 kam es zu einer - zunächst allmählichen, dann grundsätzlichen - Änderung in bezug auf die politischen Rahmenbedingungen der Reform, welche den Weg zur parlamentarischen Demokratie bestimmt haben. Auf Einzelheiten möchte ich hier nicht eingehen. Es sei nur daran erinnert, daß 1978 eine neue Verfassung in Kraft trat und 1982 die Sozialistische Arbeiterpartei (PSOE) die Union des Demokratischen Zentrums (UCD) in der Regierung ablöste, womit dem Ausgang der Parlamentswahlen entsprochen wurde.

Unser besonderes Interesse gilt dagegen erneut der Entwicklung des Verhältnisses von Kirche und Staat. Sie ist der Chronologie der Verfassungen und den zwischen den beiden Kräften abgeschlossenen Vereinbarungen zu entnehmen. Art. 6 des "Fuero de los Españoles" (1945) hatte den Katholizismus wieder zur einzigen Religion des spanischen Volkes erklärt. In das Konkordat zwischen dem spanischen Staat und dem Heiligen Stuhl vom 27. August 1953 wurde dieser Grundsatz erneut aufgenommen. Der Staat bekannte sich dazu, daß "die Kirche den Charakter einer vollkommenen Gesellschaft hat und garantiert ihr die volle und freie Ausübung ihrer geistigen Macht und Rechtsprechung, ebenso wie die freie und öffentliche Ausübung ihres Kultus..." (Art. 2).[116] Die Rechte der katholischen Kirche im Schulwesen wurden durch die Art. 26-32 des Konkordats geregelt. Der Unterricht im gesamten Schulwesen sollte sich nach "den Prinzipien und Moralgesetzen der katholischen Kirche" richten. Den Bischöfen wurde das Aufsichtsrecht zugesprochen, "soweit es um die Reinheit des Glaubens, die guten Sitten und die religiöse Erziehung geht". Sie konnten ggfs. Lehrbücher oder Unterrichtsmaterial verbieten und aus dem Handel ziehen lassen (Art. 26). Im gesamten Schulwesen garantierte der Staat die Verbindlichkeit des Religionsunterrichts als ordentliches Fach, von dem nur Nichtkatholiken befreit werden konnten (Art. 29). Der Kirche wurde das Recht zugesprochen, jede Art von Schulen zu gründen und zu leiten (Art. 31).

Spätestens nach dem Zweiten Vatikanischen Konzil konnte man allerdings eine Abkühlung der Beziehungen zwischen dem spanischen Staat und dem Heiligen Stuhl vermerken. Konfliktstoff lieferten besonders das Präsentationsrecht des Staates bei der Aufstellung der Sechserlisten für Sedisvakanzen, das vom Heiligen Stuhl umgangen wurde, indem vakante Bischofsstellen nicht besetzt wurden, sowie das "Privilegium fori et immunitatis", nach dem die Prozesse der Geistlichen geheimgehalten wurden.[117] Die spanischen Bischöfe übernahmen nur allmählich die auf "Toleranz" gerichtete Botschaft des Zweiten Vatikanischen Konzils. Die von der Bischofskonferenz 1973 geforderte Religionsfreiheit für alle Menschen ließ freilich neue Tendenzen erkennen. Der Vertrag vom 28. Juli 1976 brachte dann einen grundsätzlichen Wandel in das Verhältnis zwischen Staat und Kirche, indem das Staatskirchentum aufgehoben wurde. Weiterhin aber sollte der vorwiegenden Katholizität der Spanier in der Rechtsordnung des Staates

Rechnung getragen werden. Der Staat verzichtete auf das Präsentationsrecht, und das "Privilegium fori et immunitatis" wurde aufgehoben. Die Trennung von Kirche und Staat wurde in der Verfassung von 1978 verankert. Seither beruhen die Anspruchspositionen der katholischen Kirche auf der Wahrung des Gleichbehandlungsgebotes, doch ist dem Anliegen der Bischöfe nachgekommen und auf die überwiegende Katholizität der Spanier hingewiesen worden.
Ein Abkommen über Erziehungsfragen vom 3. Januar 1979[118] hat die Art. 26-32 des Konkordats von 1953 außer Kraft gesetzt. Es basiert auf dem Grundsatz der religiösen Freiheit und dem Recht der Eltern, die moralische und religiöse Erziehung ihrer Kinder zu bestimmen. Demgegenüber sieht es vor, daß die Werte der christlichen Ethik in den öffentlichen Schulen respektiert werden sollen (Art. 1), daß Religion Grundfach, aber nicht Pflichtfach ist (Art. 2-5), daß der Inhalt des katholischen Religionsunterrichts und der katholischen Erziehung von der Kirche bestimmt wird und daß die Religionslehrer von ihr vorgeschlagen werden.

Die Spanier prägen gern Kurzformeln, die den jeweiligen Zeitgeist charakterisieren sollen. Mitte der sechziger Jahre hieß es "Der Postfrankismus hat schon angefangen", Ende der siebziger Jahre dagegen "Mit Franco lebte man besser", zugleich aber auch "Gegen Franco lebte man besser". Die letzten beiden Sätze sind der Ausdruck einer Einstellung, die die Spanier mit "desencanto" (Entzauberung) umschreiben. Sie wurde oft dargestellt und u.a. auf die Unzufriedenheit mit der Konsenspolitik der großen Parteien, mit der langsamen Autonomievergabe an die Regionen, mit der nicht eingetretenen kulturellen Erneuerung und nicht zuletzt mit der nostalgischen und wenig kreativen Einstellung der Generation von 1968 zurückgeführt. Für den Anfang der achtziger Jahre dürfte sich wohl eine andere dieser sprachlichen Kurzprägungen herauskristallisieren. Zu früh ist es freilich, deren Inhalte und Formeln vorherzusagen.

TEIL II: DIE AUTONOMIE DER SPANISCHEN UNIVERSITÄT 1970 UND 1983. EIN VERGLEICH

1. Einführende Bemerkungen

Seit 1977 ist die Reform der Universität ein bildungspolitisches Dauerthema. Nach jahrelangen Diskussionen auf allen Ebenen wurde am 25. August 1983 die Ley Orgánica 11 verabschiedet. Der Gesetzgeber hat die Reform mit der Förderung der wissenschaftlichen Mentalität und des wissenschaftlichen Geistes in Spanien sowie mit der wachsenden Nachfrage nach Bildung und den Herausforderungen der europäischen "scientific community" begründet. Das Gesetz regelt auch die Kompetenzen im Hochschulbereich zwischen Staat, Autonomen Regionen und Universitäten.[1] Kernpunkt der Reform ist die "Autonomie" der Universität, die in der spanischen Verfassung von 1978 "anerkannt" worden ist (Art. 27.10).

In diesem Teil der Arbeit wird versucht, die Inhalte von "Autonomie", wie sie in der LO 11/83 und im Bildungsgesetz definiert sind, zu vergleichen. Einige grundsätzliche rechtliche Erläuterungen seien vorausgeschickt: Da die spanischen Rechtsquellen den deutschen nicht in jedem Fall vergleichbar und entsprechende Termini in der deutschen Sprache deshalb zum Teil schwer wiederzugeben sind, wurden die spanischen Bezeichnungen insgesamt beibehalten. Über bestimmte Materien, z.B. über die Grundrechte, kann das spanische Abgeordnetenhaus nur mit absoluter Mehrheit entscheiden. Ein Gesetz, das solche Materien behandelt, heißt "Ley Orgánica" (Art. 81 Verfassung). Das "Decreto Ley" wird meist mit "gesetzesvertretende Verordnung" übersetzt. Ein "Decreto Ley" kann von der Regierung unter besonderen Umständen vorläufig erlassen werden, muß jedoch innerhalb von 30 Tagen dem Abgeordnetenhaus vorgelegt werden, das dann über Aufhebung oder

Bestätigung beschließt (Art. 86 Abs. 2 Verfassung). "Ley" und "Decreto" (seit 1976: "Real Decreto") sind die Bezeichnungen für Gesetz und Verordnung; "Orden", "Resolución" und "Instrucción" sind die Bezeichnungen für Anordnungen und Weisungen, die in Ergänzungen von Gesetzen und Verordnungen ergehen. Im weiteren wird "Decreto" mit "Dekret", "Orden" als "Ordre" bezeichnet.
Dabei muß auf ein Merkmal der gesetzlichen Maßnahmen in Spanien hingewiesen werden. Wenn eine neue Regelung, z.B. in Form eines "Dekrets" oder einer "Ley Orgánica" in Kraft tritt, wird des öfteren nicht spezifiziert, welche gesetzlichen Regelungen damit a u ß e r Kraft gesetzt werden; es wird so formuliert, daß alle Regelungen, die den eben getroffenen widersprechen, aufgehoben werden, so auch die LO 11/83 in bezug zum Bildungsgesetz von 1970. Es besteht daher eine Grauzone von Fragen, die interpretationsbedürftig sind und auf die im Laufe der Arbeit noch hingewiesen werden wird.

Es wird hier keine Definition von Autonomie versucht, auch wurden nicht die Begriffe kommentiert, die in der bildungspolitischen Diskussion kontrovers verwendet worden sind. Ich gehe lediglich auf die Merkmale von "Autonomie" ein, über die sich in der pädagogischen Literatur ein Konsens findet[2] und die auch von der vierten Konferenz der Internationalen Assoziation der Universitäten (1966) aufgegriffen wurden. Demnach müßten folgende Bereiche untersucht werden:

- der juristische Status der Universität;
- das akademische Satzungsrecht;
- die akademische Selbstverwaltung;
- die Auswahl und der Status des Lehrpersonals, der Studenten und der nichtwissenschaftlichen Bediensteten;
- die Bestimmung der Lehr- und Forschungsinhalte;
- die Vergabe akademischer Titel;
- die ökonomische Selbstbestimmung der Universität.

Ausgeklammert werden aus der Betrachtung die ökonomischen Fragen[3] sowie der Status "der nichtwissenschaftlichen" Bediensteten. In den anderen Bereichen geht es darum, wenn auch nur punktuell, den Freiraum herauszufinden, den die Rahmengesetze (das Bildungsgesetz von 1970, die LO 11/83 sowie andere übergeordnete Gesetze) den Universitäten überlassen. Die Analyse dieser Freiräume ist eher quantitativ als bewertend.

2. Juristischer Status und Satzungshoheit der Universität

Im ersten Teil der Arbeit wurde hervorgehoben, daß die spanische Universität in der Tradition der napoleonischen Universität steht. Sie wurde in ihrer jüngsten Geschichte nach drei Arten von Gesetzen regiert:

1) den Bildungsgesetzen;
2) den speziellen Gesetzen für staatliche Organe, wie die "Ley Orgánica del régimen juridicō de las endidades estatales autonomas" von 1958 (Ley Orgánica zum juristischen Status der autonomen staatlichen Einheiten), oder, mit Inkrafttreten der LO 11/83, den Gesetzen der Autonomen Regionen;
3) den Statuten, insofern den Universitäten akademische Satzungshoheit zukam.

Dieser letztgenannte Rechtsgrundsatz, der im Hochschulgesetz von 1943 nicht enthalten war, ist in das Bildungsgesetz von 1970 wie in die LO 11/83 aufgenommen worden. Unsere Aufmerksamkeit gilt in diesem Zusammenhang der Frage, ob die Bestimmungen, welche die Statuten betreffen, tatsächlich Freiräume sichern oder nur als rhetorische und redundante Formulierungen anzusehen sind.

Sowohl das Bildungsgesetz als auch die LO 11/83 verleihen der Universität den Status einer Rechtspersönlichkeit: "Die Universitäten sind Rechtspersönlichkeiten mit eigenem Vermögen. Es steht ihnen zu, in den von den Gesetzen festgelegten Grenzen jede Art von Verwaltungs- und Dispositionstätigkeiten (actos de gestion y disposición) auszuüben" (Bildungsgesetz Art. 63.3). "Die Universitäten sind Rechtspersönlichkeiten. Sie üben ihre Funktionen auf der Grundlage von Autonomie und Zusammenarbeit aus" (LO 11/83, Art. 3.1). Der rechtliche Status der Universitäten war sowohl gemäß dem Bildungsgesetz als auch der LO 11/83 durch spezielle Gesetze bedingt, wie das Gesetz für autonome staatliche Einheiten, die staatliche Verwaltungs- und Finanzkontrolle oder die Gesetze für Beamte, die sowohl die beamteten Lehrkräfte als auch das beamtete Verwaltungspersonal betreffen. Dazu ein Kommentar aus dem Bericht der Evaluationskommission des Bildungsgesetzes von 1976[4]:

"Der juristische Status der Universität muß aufgrund des Gesetzes für autonome Einheiten definiert werden mit den eventuellen Ausnahmen und Präzisierungen, die im Bildungsgesetz festgehalten sind. Es ist ein Gesetz (das Gesetz für Autonome Einheiten), das die Beziehungen der Autonomen Einheiten zur zentralen Staatsverwaltung festlegt auf der Grundlage von Kriterien, die auf wenig Autonomie und viel Kontrolle basieren."

Die akademische Satzungshoheit der Universität ist im Bildungsgesetz in Art. 66 geregelt: Jede Universität soll nach eigener Satzung geleitet werden, die dem Bildungsgesetz angepaßt und kraft eines Dekretes auf Vorschlag des Ministeriums für Bildung und Wissenschaft genehmigt werden muß. Sie wird von der Leitungsjunta[5] der Universität nach Anhörung des "Patronats" konzipiert. Die Statuten enthalten mindestens die Regelung folgender Bereiche:

1) die akademische Organisation der Universität;
2) die Aufzählung, Struktur und Kompetenz der Leitungsorgane;

3) das Wahl- oder Nominierungsverfahren für die Inhaber der Leitungsstellen;
4) die Kriterien für die Annahme (adopción) und die Anwendung von Studien- und Forschungsplänen;
5) das interne Verfahren für die Einstellung (adscripción y contratación) der Lehr- und Forschungskräfte;
6) die Normen und Verfahren für die Zulassung zum Studium, für die Leistungsmessung und für die akademische Disziplin;
7) der ökonomische Status der Universität (Art. 66.2).

Auch sind in den Statuten die Vorschriften der speziellen Gesetze aufzuführen, von deren Anwendung die jeweilige Universität ausgenommen ist (Art. 66.3).
Nach dem Bildungsgesetz von 1970 stand es der Regierung zu, im Falle schwerwiegender akademischer, administrativer oder finanzieller Störungen auf Vorschlag des Ministeriums die Satzung einer Universität außer Kraft zu setzen (Art. 67).
Im Unterschied zum Bildungsgesetz wird in der LO 11/83 die Satzungshoheit der Universität, nachdem sie als Merkmal der Autonomie definiert worden ist, nicht in einem bestimmten zusammenfassenden Artikel, sondern an verschiedenen Stellen des Gesetzes erwähnt.

3. Leitung der Universität

In diesem Abschnitt wird der Freiraum untersucht, der den spanischen Universitäten im Bildungsgesetz von 1970 und in der LO 11/83 bei der Bestimmung ihrer Leitung und ihrer institutionellen Verbindung zur Gesellschaft zugesprochen wurde. Das nachfolgende Schema soll die Übersicht über die leitenden und beratenden Instanzen des universitären Bereiches erleichtern und zum Verständnis der spanischen Termini dienen.

LEITENDE UND BERATENDE GREMIEN DER SPANISCHEN HOCHSCHULEINRICHTUNGEN

1970 und 1983

	1970	1983
Personale Leitungsorgane	Rektor,Vizerektoren in den Universitäten Dekan,Vizedekane in den Fakultäten Direktor,Unterdirektoren in den Technischen Hochschulen (Escuelas Técnicas Superiores) Direktor in den Fachhochschulen(Escuelas Universitarias),Kollegs = 1.Zyklus der Studiengänge (colegios) Institute und Fachbereiche (departamentos) Verwaltungsbeauftragter (Gerente)	Rektor,Vizerektoren in den Universitäten Dekan in den Fakultäten Direktor in den Technischen Hochschulen, Fachhochschulen, Fachbereichen und Instituten Verwaltungsbeauftragter
Kollegiale Leitungsorgane	Universitätskonferenz/Kommissionen (claustro universitario) und Leitungsjunta/Kommissionen (junta de gobierno) in den Universitäten Konferenz (claustro) in den Fakultäten,Technischen Hochschulen,Fachhochschulen und Kollegs Junta/Kommissionen in den Fakultäten, Technischen Hochschulen,Fachhochschulen und Kollegs	Universitätskonferenz (claustro universitario) und Leitungsjunta (junta de gobierno) in den Universitäten — Junta in den Fakultäten, Technischen Hochschulen und Fachhochschulen, Rat (consejo) in den Fachbereichen und Instituten
Verbindungsgremium zwischen Universität und Gesellschaft	Patronat / Kommissionen (patronato)	Sozialer Rat (consejo social)
Koordinierungsorgan der Universitäten	Nationale Junta der Universitäten (Junta Nacional de Universidades)	Rat der Universitäten (Consejo de Universidades) mit zwei Kommissionen: 1) für Koordination und Planung 2) die akademische Kommission

Zunächst soll das Ausmaß an Autonomie herausgestellt werden, das den Hochschuleinrichtungen bei der Besetzung von personalen Leitungsorganen sowie bei der Festlegung der Zusammensetzung der kollegialen Leitungsorgane und jener Kompetenzen eingeräumt wurde, die den leitenden Stellen zukommen.

Personale Leitungsorgane

Zwei Ebenen müssen hier unterschieden werden: 1. die Instanz, die befugt ist, Kandidaten zu wählen bzw. vorzuschlagen; 2. die Instanz, der die Ernennungsbefugnis zukommt. Gemäß Bildungsgesetz war das Ministerium für Bildung und Wissenschaft für folgende Ernennungen zuständig:

1) Der Rektoren kraft eines Dekrets nach Anhörung der kollegialen Leitungsorgane der Universität und des Patronats (Art. 77.1). In einer späteren Ausführungsbestimmung (Dekret 2055 vom 21. Juli 1972) wurden die Angaben präzisiert. Auf Vorschlag des Ministers sollte ein Dekret des Ministerrats, nach Anhörung der Leitungsjunta und des Patronats, erlassen werden.
2) Der Vizerektoren auf Vorschlag des Rektors (Art. 78.1).
3) Der Dekane der Fakultäten und der Direktoren der Technischen Hochschulen nach Anhörung des kollegialen Leitungsgremiums und ggfs. der Kommission des Patronats der jeweiligen Hochschule (Art. 80.2). Das Dekret 1750 vom 30. Mai 1974 überließ die weitere Regelung dieser Ernennungen den Statuten.
4) Der Direktoren der Fachhochschulen auf Vorschlag des Rektors nach Anhörung der Junta der Professoren (Junta de Catedráticos Numerarios) und der jeweiligen Kommissionen des Patronats (Dekret 2293 vom 17. August 1973, Art. 6.2).

5) Der Institutsdirektoren auf Vorschlag des Rektors (Art. 82.1).

Vom Rektor wurden ernannt: die Direktoren der Fachbereiche (departamentos) (Art. 71.1) und die Direktoren der Kollegs nach Anhörung der jeweiligen kollegialen Leitungsorgane und Kommissionen des Patronats (Art. 82.2).

Die Bewerber um alle vorgenannten Führungspositionen mußten der Gruppe der beamteten Professoren angehören. In den Bestimmungen des Bildungsgesetzes zur Wahl des Rektors, der Dekane und der Direktoren der Technischen Hochschulen, Institute und Fachbereiche wurde auf die Statuten der jeweiligen Universitäten verwiesen. Die Einsicht in die Statuten zeigt lediglich gewisse Unterschiede im Verfahren, da die zuständigen Gremien ja im Gesetz festgelegt waren. Die Intention des Gesetzgebers, für die ernennenden Instanzen gewisse Entscheidungsspielräume vorzusehen, steht in Verbindung mit der Zusammensetzung der dazu befugten Gremien, auf die weiter unten eingegangen wird.

In der LO 11/83 wird zur Besetzung der personalen Leitungsorgane bemerkt, daß die Direktoren von der Universitätskonferenz (Claustro) gewählt und von der jeweiligen Autonomen Region ernannt werden sollen (Art. 18.2). Die Dekane der Fakultäten und die Direktoren der Technischen Hochschulen, Fachhochschulen, Fachbereiche und Institute sollen von den jeweiligen Juntas oder Consejos gewählt werden (Art. 17). Neu ist in der LO 11/83 die Übertragung der Ernennungsbefugnis des Ministeriums auf die Autonome Region bei der Ernennung des Rektors. In bezug auf die Wahl der Dekane und der verschiedenen Direktoren wurden demgegenüber keine Ernennungsinstanzen genannt. Wenn der obige Art. 17 der LO 11/83 so interpretiert werden kann, daß Wahl und Ernennung interne Angelegenheiten der Hochschuleinrichtung sind, dann haben die Fakultäten und Technischen Hochschulen einen Zuwachs an

Autonomie zu verzeichnen.

Ungeklärt und in der LO 11/83 nicht erwähnt ist die Rolle, die dem Verbindungsorgan zur Gesellschaft (jetzt der Soziale Rat) bei den Wahlverfahren der Hochschuleinrichtungen zukommen wird. Dazu werden die Gesetze, die die Autonomen Regionen zur Definierung des Sozialen Rats verabschieden müssen, Aufschluß geben; es ist anzunehmen, daß er weiterhin angehört werden wird. Ungeklärt ist auch die Rolle des Ministeriums, ausgenommen bei der Wahl des Rektors. Sie gehört zu der einführend erwähnten Grauzone.

Die kollegialen Leitungsorgane

Die anteilsmäßige Zusammensetzung der kollegialen Leitungsorgane (s. Tabelle,S.72), die im Bildungsgesetz vorgesehen waren, sollte in den jeweiligen Statuten geregelt werden. Vorausgesetzt wurde für die Universitätskonferenz und die anderen Hochschuleinrichtungen die "maximale Vertretung" der Hochschullehrer und Studenten[6] (Art. 84.1 bzw. 87.1 und 2). In der Leitungsjunta der Universitäten und in deren Kommissionen sowie in den Juntas der anderen Hochschuleinrichtungen sollen die akademischen Autoritäten, die verschiedenen Kategorien von Lehrkräften, die Studenten, das Verwaltungspersonal und das untergeordnete Personal (subalterno) gemäß der Natur und Kompetenz des jeweiligen Gremiums vertreten sein (Art. 85.2 bzw. 88.3). In einer späteren Ausführungsbestimmung (Dekret 2176 vom 17. August 1973) ist die Zusammensetzung der Leitungsjunta (bzw. -kommissionen) der Universitäten wie folgt präzisiert. Es gehören ihr an: der Rektor als Präsident, alle Vizerektoren, alle Dekane der Fakultäten, alle Direktoren der Technischen Hochschulen, jeweils ein Direktor für jede Fachhochschulart (vom Rektor bestimmt) und der Generalsekretär. Nach Bedarf konnten auch der Verwaltungsbeauftragte (Gerente), der Direktor des Instituts für Erziehungswissenschaften (ICE) und andere leitende Personen hinzugezogen werden (Art. 4). Mit diesem Dekret wurde der im vorigen Absatz geschilderte Art. 85.2 des Bildungsgesetzes zur Zusammensetzung der Leitungsjunta wirkungslos.

Die Freiheiten, die den Universitäten bei der Zusammensetzung aller anderen kollegialen Leitungsorgane eingeräumt worden waren, führte zu einer Vielfalt organisatorischer Formen.[7] Die im Bildungsgesetz festgelegte "maximale Vertretung" von Hochschullehrern und Studenten wurde je nach Standort des Betrachters unterschiedlich bewertet. Die spanische Universität wurde keine Gruppenuniversität im "reinen Sinne", d.h. es wurde weder eine Drittel-Parität (Professoren, Wissenschaftliche Mitarbeiter, Studenten) noch eine Viertel-Parität (zusätzlich Nichtwissenschaftliche Mitglieder) institutionalisiert.

Die LO 11/83 bringt strukturelle Änderungen: Die Universitätskonferenz der Fakultäten, Technischen Hochschulen und Fachhochschulen entfällt; für die Fachbereiche (departamentos) und Institute sind Räte (consejos) vorgesehen. In Art. 4 wird vorgeschrieben, daß bei der Leitung der Universität und ihrer Einrichtungen die verschiedenen Sektoren der universitären Gemeinschaft gemäß ihren Funktionen sowie die Repräsentanten der sozialen Interessen angemessen vertreten sind. Die anteilsmäßige Zusammensetzung der kollegialen Leitungsorgane wird den zu verabschiedenden Statuten überlassen (Art. 15.2, 16.2, 17).

Festgelegt wird für die Universitätskonferenz ein Anteil von drei Fünfteln Lehrkräften (profesores) ohne nähere Angaben über ihre Rangordnung (Art. 15.1). Der Leitungsjunta der Universität sollen auf alle Fälle angehören: Vertreter der Dekane der Fakultäten; Vertreter der Direktoren der Technischen Hochschulen, der Direktoren der Fachbereiche, der Direktoren der Fachhochschulen, der Direktoren der Institute; Vertreter der Studenten und des Verwaltungs- und Dienstleistungspersonals; die Vizerektoren, der Generalsekretär und der Verwaltungsbeauftragte (Gerente) (Art. 16.1). Beide Organe werden vom Rektor geleitet. In den Statuten soll das Wahlverfahren für die kollegialen Leitungsorgane (die Leitungsjunta der Universität ist dabei nicht erwähnt) geregelt werden. Die Wahl der Repräsentanten der verschiedenen Sektoren der universitären Gemeinschaft soll frei, allgemein, direkt und geheim sein (Art. 13.2).

Auch bezüglich der Zusammensetzung der kollegialen Leitungsorgane kann die Autonomie an dem Freiraum gemessen werden, der den Hochschuleinrichtungen zugesprochen wurde. Vor dem Inkrafttreten der LO 11/83 war die Bestimmung der Zusammensetzung der Leitungsjunta der Universität aus dem Zuständigkeitsbereich der Universität herausgenommen worden. Mit der LO 11/83 wurde der Freiraum der Universitäten erweitert. Die Zusammensetzung aller anderen kollegialen Leitungsorgane ist in beiden Gesetzen den Statuten überlassen - mit dem Unterschied, daß die LO 11/83 die Auflage enthält, in der Universitätskonferenz für die Lehrkräfte einen Anteil von drei Fünfteln festzulegen.
Abgewartet werden muß das Erscheinen der Statuten und die Konstituierung der neuen Leitungsgremien. Erst dann kann die kollegiale Leitung der Hochschulen, so wie sie im Bildungsgesetz festgelegt war, mit der Neuregelung in der LO 11/83 verglichen werden. Dasselbe gilt auch für die Funktionen der leitenden Instanzen, die in beiden Gesetzen den Statuten vorbehalten sind.

Die Verbindung zur Gesellschaft

Im Bildungsgesetz wie in der LO 11/83 sind Gremien vorgesehen, welche die Verbindung der Universität und ihrer Einrichtungen mit ihrem sozialen Umfeld ermöglichen. Gemäß Bildungsgesetz waren dies das Patronat (patronato universitario) für die Universität und die Kommissionen des Patronats für die Einrichtungen der Universität (Art. 76.1) Das Patronat bestand aus maximal 20 repräsentativen Persönlichkeiten, die gemäß den Satzungen der jeweiligen Universitäten vom Minister ernannt wurden. Dazu gehörten auf alle Fälle Repräsentanten der regionalen Körperschaften (corporaciónes locales) des Zuständigkeitsbereichs der Universität (distrito universitario), der Berufsverbände, der Mitglieder der Cortes, der Gewerkschaften, des Lehrkörpers der verschiedenen Schuleinrichtungen im Zuständigkeitsbereich der Universität, der Elternverbände, der Schülerverbände und der Verbände der ehemaligen Schüler. Hinzu kamen Mitglieder, die vom Patronat selbst oder von der Leitungsjunta der Universität vorgeschlagen wurden. Alle Mitglieder sowie der Präsident, der vom Minister auf Zeit ernannt wurde, mußten im Zuständigkeitsbereich der Universität wohnhaft sein. Wenn es erforderlich war, konnten der Rektor und der Verwaltungsbeauftragte den Sitzungen mit Stimmrecht beiwohnen. In diesem Fall stand es dem Rektor zu, die Sitzung zu leiten und Beschlüsse des Patronats vorläufig aufzuheben. Die Gründe dafür mußten binnen 24 Stunden dem Minister unterbreitet werden, der eine Zehntagefrist zur Lösung der Angelegenheit hatte (Art. 83.2 und 3).

Nach den Statuten waren für den Lehrkörper wie für die Studenten je nach Universität ein bis maximal drei Repräsentanten vorgesehen. Nicht alle Repräsentanten der Lehrenden gehörten den Universitäten an. Von den drei Repräsentanten des Lehrkörpers in den Patronaten der Universität Autonoma Barcelona, der Universität Sevilla und der Universität Zaragossa gehörten nur zwei den Universitäten an; im Patronat der Universität Murcia waren alle drei Vertreter der Schuleinrichtungen des Zuständigkeitsbereichs der Universität. Mit dieser Angabe sei der geringe Anteil der Angehörigen der

Universität im Patronat belegt. Die Funktionen des Patronats, die den jeweiligen Statuten überlassen wurden, variierten von Universität zu Universität; ihr Schwerpunkt lag jedoch im ökonomischen Bereich.
In der LO 11/83 wird das Patronat durch den Sozialen Rat (consejo social) ersetzt (Art. 14). Er wird als das Vertretungsgremium der Gesellschaft in der Universität definiert (Art. 14.1). Er besteht zu zwei Fünfteln aus Repräsentanten der Leitungsjunta der Universität, denen in jedem Fall der Rektor, der Generalsekretär und der Verwaltungsbeauftragte angehören, und zu drei Fünfteln aus Vertretern der "sozialen Interessen" gemäß einem Gesetz, das die jeweilige Autonome Region verabschieden soll. In diesem Gesetz soll auch die Gesamtzahl der Mitglieder des Sozialen Rats festgelegt werden. Den erwähnten drei Fünfteln sollen auf alle Fälle Repräsentanten der Gewerkschaften und der Arbeitgeberverbände angehören, keinesfalls aber Mitglieder der Universität. Die Autonome Region ist für die Ernennung des Präsidenten des Sozialen Rats zuständig (Art. 14.3 und 4). Folgende Kompetenzen des Sozialen Rats sind festgelegt (Art. 14.2): auf Vorschlag der Leitungsjunta die Genehmigung des Haushalts und der mittelfristigen Finanzplanung, die Überwachung der ökonomischen Tätigkeiten und die Förderung der finanziellen Unterstützung der Universität (Art. 14.2).

Im Vergleich zu den Bestimmungen des Bildungsgesetzes sind der beträchtlich gewachsene Anteil der Universitätsangehörigen in diesem Gremium sowie die Kompetenzverschiebung hervorzuheben, die zugunsten der Autonomen Regionen stattgefunden hat. Die Kompetenz des Rektors wird in den künftigen Gesetzen der Autonomen Regionen festgelegt werden. Es stellt sich die Frage, ob ihm weiterhin das Recht eingeräumt werden wird, Beschlüsse dieses Gremiums zu suspendieren. Man kann aber auch jetzt von der Zusammensetzung dieses Gremiums her auf einen gewachsenen Einfluß der Universität schließen.

4. Lehrkräfte

Die Probleme, die sich bei der Auswahl und dem Status der Hochschullehrer stellten, haben die pädagogische Diskussion vor und nach der Reform von 1970 bewegt. Sie standen auch im Mittelpunkt der Auseinandersetzungen um die Hochschulautonomie. Die Strukturen der spanischen "Lehrerschaft" in ihrer Gesamtheit, d.h. die Hochschullehrer inbegriffen, sind nicht nur kompliziert, sondern befinden sich auch in einem vom Gesetzgeber hervorgerufenen ständigen Wandel. Im großen gesehen besteht sie aus Laufbahn-Beamten und Angestellten. Die Kategorien der Laufbahn-Beamten wurden sowohl 1970 als auch 1983 neu definiert. Ausführungsbestimmungen und Übergangsregelungen führten zur Koexistenz der Beamtengruppen, die vor und nach der Reform gültig waren. Die neue Regelung von 1983 soll 1987 allgemein verwirklicht sein. Für diese Zeitspanne sind wiederum Übergangsbestimmungen festgelegt, die eine Vielfalt von Einstiegs- und Aufstiegsprozeduren enthalten. Der Status der angestellten Hochschullehrer, die in der "Massenuniversität" die überwiegende Mehrheit des Lehrkörpers bilden (1976 = 80 Prozent) ist ein besonders gravierendes Problem der spanischen Universität.

Ziel der Reformer war es, eine transparente Lehrerlaufbahn zu institutionalisieren. Dies ist im Libro Blanco und im Bildungsgesetz festgehalten, im Bericht der Evaluationskommission des Bildungsgesetzes freilich als nicht erreicht bezeichnet worden. Auch die Autonomie der Universität bei der Auswahl der beamteten Lehrkräfte ist eine Forderung, die im Libro Blanco und im Bildungsgesetz enthalten ist. Sie steht in enger Verbindung mit der Institutionalisierung einer Lehrerlaufbahn.

Die zentrale Problematik liegt in der doppelten Zugehörigkeit dieser Hochschullehrer: zur jeweiligen Beamtengruppe und zur Hochschuleinrichtung. Die gesetzlichen Regelungen vor 1970 sahen vor, daß ein Kandidat in die entsprechende Beamtengruppe aufgenommen wurde, indem er eine Wettbewerbsprüfung (oposición) bestand, die für eine bestimmte Stelle ausgeschrieben worden war. Die dem Libro Blanco und dem Bildungsgesetz zugrunde liegende Konzeption dagegen ist die Trennung des Aufnahmeverfahrens in eine Wettbewerbsprüfung (oposición) zur Aufnahme in die Beamtengruppe und in einen Wettbewerb (concurso) zur Besetzung der von der Universität ausgeschriebenen Stelle. Im Libro Blanco wird die Empfehlung einer Universität für die Aufnahme eines Kandidaten in die jeweilige Beamtengruppe gefordert.[8] Diese Forderung wurde im Bildungsgesetz aber nicht aufgegriffen. In ihm wurden zwei Phasen vorgesehen:

1) die Aufnahme in die jeweilige Beamtengruppe als Professor einer Disziplin oder einer Gruppe bestimmter Disziplinen,
2) die Ernennung durch das Ministerium auf eine bestimmte Stelle, nachdem die Universität gemäß ihrem Statut die Kandidaten nach ihren Verdiensten ausgewählt hat (Art. 11.3).

Erst 1975 wurde diese Konzeption in einer Ausführungsbestimmung, nämlich im Dekret 2211 vom 23. August 1975, berücksichtigt, allerdings mit dem Unterschied, daß die Vorschläge für die ausgeschriebenen Stellen nicht von den Universitäten, sondern von nationalen Kommissionen gemacht werden sollten.

Nach der LO 11/83 sind die Universitäten für die Auswahl und die Ernennung der beamteten Lehrkräfte zuständig. Diese schreiben für die neu definierten Beamtengruppen öffentliche Wettbewerbe (concursos) (Art. 35-38) sowie Leistungswettbewerbe (concursos de méritos) (Art. 39.3) für Angehörige der jeweiligen Beamtengruppen aus. Die Kandidaten, die diese Verfahren bestehen, sollen vom Rektor ernannt werden. Ihre

Namen werden dem Rat der Universitäten (Consejo de Universidades) mitgeteilt. Danach werden sie in die Register der jeweiligen Beamtengruppen aufgenommen.

Strukturen der Hochschullehrerschaft

Vor 1970 gab es zwei Beamtengruppen im Hochschulbereich: die Professoren an den Fakultäten und Technischen Hochschulen (catedráticos numerarios de Faculdades y Escuelas Técnicas Superiores ETS) sowie die Assoziierten Professoren (profesores agregados), vornehmlich an den Fakultäten. Die letztere Gruppe wurde durch das Gesetz vom 17. Juli 1965 eingeführt. Die Assoziierten Professoren bildeten 1969/70 mit der Zahl von 500 Beamten die Hälfte der Zahl der beamteten Professoren (1030) in den Fakultäten.[9] Die Mehrzahl der Lehrkräfte des Hochschulbereichs stand im Angestelltenverhältnis. Die Assistenz-Professoren (profesores adjuntos) wurden für die Dauer von vier Jahren nach dem Bestehen einer Wettbewerbs-Prüfung (concurso-oposición) in der jeweiligen Hochschuleinrichtung angestellt. Diese Hochschullehrergruppe wurde durch das Hochschulgesetz von 1943 eingeführt und bildete bis 1965 die letzte Etappe vor der Professur. 1969/70 gab es 2149 Assistenz-Professoren in den Fakultäten.[10] Für jeweils ein Jahr wurden mehrere Kategorien von Lehrkräften ernannt, die unter der Bezeichnung "No Numerarios" (Nichtmitglieder) geführt werden: Hilfsassistenten (ayudantes), Lehrbeauftragte für Nebenfächer (encargados de curso), Hilfskräfte (auxiliares) u.a. Davon bildeten die Hilfsassistenten die große Mehrheit (ca. 80 Prozent).

Für die Studienjahre 1968/69 und 1969/70 sind die "No Numerarios" statistisch nicht erfaßt. 1967/68 bildeten sie mit 3871 Stellen in den Fakultäten[11] 61,7 Prozent des Lehrkörpers dieser Einrichtungen.[12] Die hier für die staatlichen

Universitäten (die Technischen Hochschulen ausgenommen) übernommenen Zahlen decken sich nur tendenziell mit dem Libro Blanco. Eine Ursache dafür ist die im Libro Blanco aufgeführte Einteilung in Lehrerkategorien, die teilweise nach Arbeitszeiten vorgenommen wurde.[13]

Im Bildungsgesetz sind fünf Beamtengruppen für den Hochschulbereich vorgesehen:

- Universitätsprofessoren (catedráticos numerarios de universidad);
- Assoziierte Professoren der Universitäten (profesores agregados de universidad);
- Assistenz-Professoren der Universitäten (profesores adjuntos de universidad), welche, wie schon dargelegt, bis 1970 einen Angestelltenstatus hatten;
- Professoren der Fachhochschulen (catedráticos numerarios de escuelas universitarias);
- Assoziierte Professoren der Fachhochschulen (profesores agregados de escuelas universitarias).

Die beiden letzten Gruppen sind durch die Umwandlung der Mittleren Technischen Schulen, der Handelsschulen sowie der Primarlehrerausbildungseinrichtungen in Fachhochschulen entstanden. Die Aufnahmebestimmungen für diese Gruppen sollten die Institutionalisierung einer Lehrerlaufbahn ermöglichen. Deswegen ist es angebracht, in der folgenden Darstellung auf den Zeitpunkt zu achten, zu dem die dazu notwendigen Ausführungsbestimmungen erlassen worden sind.

In die Beamtengruppen der Assoziierten Professoren der Fachhochschulen sollten nach Bestehen einer Wettbewerbsprüfung (concurso oposición) Lizentiaten, Ingenieure und Architekten aufgenommen werden (Art. 115.1). Die Aufnahme in die nächsthöhere Gruppe der Professoren der Fachhochschulen sollte zu 50 Prozent durch einen Leistungswettbewerb (con-

curso de méritos) erfolgen, an dem Assoziierte Professoren der Fachhochschulen sowie Lehrer des oberen Sekundarbereichs, sofern sie promoviert waren, teilnehmen konnten. Die restlichen 50 Prozent der Planstellen sollten durch eine Wettbewerbsprüfung (concurso-oposición) besetzt werden, an der promovierte Personen teilnehmen konnten (Art. 115.2).
Die Bestimmungen für die Aufnahme in die Gruppe der Assoziierten Professoren der Fachhochschulen durch die vorgesehene Wettbewerbsprüfung (concurso-oposición) wurden durch das Königliche Dekret 1041 vom 29. Februar 1980 erlassen. Die Integration der beamteten Lehrkräfte der oben angeführten Mittelschulen, die dem Hochschulbereich zugeordnet worden waren, erfolgte durch das Königliche Dekret 1074 vom 19. Mai 1978.
In die Beamtengruppe der Assistenz-Professoren der Universitäten sollten promovierte Personen aufgenommen werden, die mindestens ein Jahr lang die Funktion von Assistenz-Professoren wahrgenommen hatten, oder Lehr- bzw. Forschungsaufträge in Fachhochschulen, im oberen Sekundarbereich oder in anderen Schuleinrichtungen ausgeübt und eine Wettbewerbsprüfung (concurso-oposición) bestanden hatten (Art. 118.1). Ausführungsbestimmungen für diesen Artikel des Bildungsgesetzes wurden mit Dekret 2212 der Regierung vom 23. August 1975 erlassen. Verschiedene Übergangsbestimmungen haben die Aufnahme der angestellten Assistenz-Professoren, Laboratoriumsleiter und Lehrbeauftragten in diese Beamtengruppe geregelt. Dabei wurde freilich der Tatsache nicht Rechnung getragen, daß nur ein Teil der Bewerber kontinuierlich an der Universität tätig gewesen war. Dies führte dazu, daß Engagement und Qualifizierung der Angehörigen dieser Beamtengruppe sehr unterschiedlich waren.

In der Beamtengruppe der Assoziierten Professoren der Universitäten sollten gemäß Art. 117 des Bildungsgesetzes 50 Prozent der Planstellen mit Assistenz-Professoren (adjuntos) nach Bestehen einer Wettbewerbsprüfung (concurso-oposición) besetzt werden und für bestimmte Bereiche auch Sekundarlehrer und Professoren der Fachhochschulen (catedráticos de escuelas universitarias) herangezogen werden können. Die weiteren 50 Prozent der Planstellen sollten - nach einer Wettbewerbsprüfung (concurso-oposición) - für Promovierte offen stehen. Ausführungsbestimmungen für die Teilnahme der Assistenz-Professoren, Sekundarlehrer und Professoren der Fachhochschulen wurden durch Königliches Dekret 1050 vom 4. April 1979 erlassen.

In die Beamtengruppe der Universitätsprofessoren sollten gemäß Art. 116 des Bildungsgesetzes aufgenommen werden: Assoziierte Professoren nach einem Leistungswettbewerb (concurso de méritos), bei dem sowohl ihre Forschungs- und ggfs. auch ihre (außeruniversitäre) Berufsfähigkeit sowie auch ihre Lehrfähigkeit (capacidad docente) bewertet werden sollten; Promovierte für die restlichen Planstellen nach einer Wettbewerbsprüfung und markante Persönlichkeiten durch Dekret der Regierung, geregelt durch Dekret 1158 vom 24. April 1975.
Die Integration der entsprechenden Beamtengruppen, die vor dem Inkrafttreten des Bildungsgesetzes bestanden hatten, in die beiden letzten hier aufgeführten Beamtengruppen wurde durch Königliches Dekret 1923 vom 2. Juni 1976 geordnet.

Im Bildungsgesetz war zusätzlich zu den hier beschriebenen Bedingungen zur Aufnahme in die Beamtengruppen der Hochschullehrer eine pädagogische Ausbildung gefordert worden. Eine systematische pädagogische Ausbildung wurde aber den Bewerbern in den erziehungswissenschaftlichen Instituten nicht angeboten.
Gemäß Bildungsgesetz sollte der Stellenplan (plantilla) für die jeweiligen Disziplinen oder Fächergruppen die Zahl der tatsächlich besetzten Stellen überschreiten, um Engpässe überwinden zu können (Art. 114.4). Das Gegenteil davon wurde Realität. Im Bericht der Evaluationskommission des Bildungs-

gesetzes wurde dazu festgestellt, daß Mitte der siebziger Jahre der Stellenplan weiterhin unter den Erfordernissen der Universität liege. Im Dezember 1974 betrug das Verhältnis der beamteten Lehrergruppen der Universität, Fachhochschulen ausgenommen, gegenüber den Angestellten: 6074 zu 13900. Durch Gesetz 53 vom 19. Dezember 1974 wurde die Erhöhung der Planstellen der beamteten Lehrer auf 9025 beschlossen, welche ebenfalls als unzureichend bewertet wurde.

Die Einstellungsbestimmungen der angestellten Hochschullehrkräfte wurden durch Dekret 2259 vom 20. Juli 1974 festgelegt. Es wurden demnach auf Zeit eingestellt: Professoren (catedráticos), Assoziierte Professoren (agregados), Assistenz-Professoren (adjuntos), Lehrbeauftragte[15] (profesores especiales encargados de curso), Hilfsassistenten (ayudantes) und außerordentliche Professoren (extraordinarios). Die Unsicherheit, Instabilität und Unzufriedenheit der angestellten Lehrkräfte waren weiterhin der Grund für zahlreiche Konflikte. Demgegenüber wurde bei ihrer Einstellung, die meist unter Zeitdruck stattfand, auf Gütekriterien verzichtet, so daß bei einem Teil dieser Personen die notwendigen Qualitäten nicht vorhanden waren. Die pädagogische Diskussion bzw. Kritik der siebziger Jahre konzentrierte sich im Bereich der angestellten Lehrkräfte vornehmlich auf ihre zahlenmäßige Begrenzung, auf ihre geringen Aufstiegsmöglichkeiten, verbunden mit der zeitlichen Beschränkung ihres Anstellungsverhältnisses sowie auf die Angemessenheit ihrer Einstellungskriterien. Über die Stellungnahme des Gesetzgebers im Jahr 1983 wird später berichtet.[16]

Die LO 11/83 hat die Zahl der beamteten Hochschullehrergruppen auf vier reduziert:

- Universitätsprofessoren (catedráticos de universidad),
- Titularprofessoren der Universität (profesores titulares de universidad),

- Fachhochschulprofessoren (catedráticos de escuela universítaria),
- Titularprofessoren der Fachhochschulen (profesores titulares de escuela universítaria).

Zuständig für die Einstellung von Personen dieser Beamtengruppen ist die Universität. Sie erfolgt durch einen Wettbewerb, an dem bei Titularprofessuren an Fachhochschulen Bewerber mit den Titeln Lizentiat, Diplom-Architekt oder Diplom-Ingenieur teilnehmen können (ggfs. nur mit den Titeln Diplomierter, Architekt oder Ingenieur). Für Fachhochschulprofessuren und Titularprofessuren an den Universitäten kommen nur promovierte Bewerber in Betracht. Zum Wettbewerb um Titularprofessuren an Universitäten werden Hilfsassistenten nicht zugelassen, die länger als zwei Jahre an der betreffenden Universität angestellt waren, sofern sie nicht für mindestens ein Jahr Forschungsaufgaben durchgeführt oder, mit Zustimmung der Universität, an einer anderen Hochschule weiterstudiert haben. Für Professuren an der Universität muß der Bewerber promoviert sein und entweder bereits eine Professur - ggfs. auch an einer Fachhochschule - innehaben oder drei Jahre als Titularprofessor an einer Universität gearbeitet haben.

Die Wettbewerbe bestehen aus zwei Teilen: Darstellung und Diskussion des akademischen Werdegangs und der Forschungslaufbahn des Bewerbers sowie seiner Lehrvorhaben; Darstellung und Diskussion eines frei gewählten Themas aus dem jeweiligen Fachgebiet.

Die Bewerber für eine Universitäts-Professur müssen eine originäre Forschungsarbeit vorlegen. Die Prüfungskommissionen bestehen aus fünf Personen. Zwei, unter denen einer der Präsident ist, werden in den jeweiligen Universitäten gemäß ihrem Statut ernannt; die anderen drei werden durch ein Losverfahren vom Rat der Universitäten (Consejo de Universidades) gewählt (Art. 35-38). Die ausgeschriebenen Stellen können mit Genehmigung der Leitungsjunta nach einem Leistungswettbewerb (concurso de méritos) unter den Lehrkräften besetzt werden, die der jeweiligen Beamtengruppe angehören. Die Zusammensetzung der Prüfungskommission und das Prüfungsverfahren sind genau geregelt. Aufstiegsmöglichkeiten für Sekundarlehrer sind in die Regelungen eingeschlossen. Die beamteten Lehrkräfte unterstehen dem Rektor, was ihren akademischen Status und ihre akademische Disziplin betrifft. Nur bei ihrer Suspendierung wird nach den Beamtengesetzen verfahren.

Die LO 11/83 räumt die Möglichkeit ein, drei Kategorien von Lehrkräften auf Zeit anzustellen. Dabei ist man bestrebt, deren Anzahl zu begrenzen, wenn es sich um Mitwirkende Professoren (associados) und um Gastprofessoren (visitantes) handelt. Diese dürfen 20 Prozent der beamteten Lehrkräfte der Universitäten und 30 Prozent der beamteten Lehrkräfte der Technischen Hochschulen nicht überschreiten. Die zweite hervortretende Tendenz ist die Institutionalisierung einer besonderen Lehrerlaufbahn für die Hilfsassistenten (ayudantes). Sie sollen durch öffentliche Wettbewerbe in der Universität ausgewählt und, wenn sie nicht promovieren, maximal zwei Jahre vollbeschäftigt werden. Die ins einzelne gehenden Promotionsbestimmungen bleiben den Statuten überlassen. Festgehalten wird in der LO 11/83 Art. 31, daß zweijährige Kurse für Doktoranden unter der Leitung der Fachbereiche organisiert werden sollen. Eine große Anzahl von Übergangsbestimmungen sieht die Aufnahme aller anerkannten Lehrerkategorien (auch aus dem Sekundarschulbereich) in die neu definierten Beamtengruppen vor. Dieser Vorgang soll bis zum 30. September 1987 abgeschlossen sein. Das läßt auf weitere Unruhe im System schließen.
Die Forderung, nach LO 11/83 Art. 45.3 periodische Evaluationsverfahren der wissenschaftlichen Leistungen und der Lehrtätigkeit einzuführen, muß skeptisch beurteilt werden.

Den Grund hierfür sehe ich in der Entwicklung der letzten Jahrzehnte. Schon im Bildungsgesetz war dieses Ziel für das gesamte Schulsystem enthalten, und das Unvermögen der verantwortlichen Regierungs- und Hochschulorgane, wissenschaftlich fundierte Evaluationsverfahren zu konzipieren und durchzuführen, ist bereits mehrfach zutage getreten.

5. Auswahl und Partizipation der Studenten

Dieser Abschnitt kann mit der eindeutigen These beginnen: Es gibt weiterhin keine Autonomie der Universität bei der Auswahl der Studenten, denn 1970 und 1983 wurden die Aufnahmekriterien auf Landesebene festgelegt. Im Bildungsgesetz Art. 36.1 und 3 war vorgeschrieben, wer aufgenommen werden konnte:

a) Absolventen des oberen Sekundarbereichs und des Studienvorbereitungsjahres (curso de orientación universitaria COU);
b) Personen, die das Alter von 25 Jahren überschritten und den oberen Sekundarbereich nicht absolviert hatten, nach Bestehen einer Aufnahmeprüfung.

Die erwähnte These scheint wohl durch Paragraph 2 desselben Artikels widerlegt, in dem es heißt: "Die Universitäten können mit Genehmigung des Ministeriums Bewertungskriterien für die Aufnahme in die verschiedenen Fakultäten, Technischen Hochschulen und Fachhochschulen aufstellen."
Weiter ist Paragraph 2f, Art. 66, von Belang, demzufolge in den Statuten die grundlegenden Normen zur Aufnahme und Prüfung der Studenten, zur akademischen Disziplin und zum Prozedere in diesen Bereichen festzulegen seien. Tatsächlich aber wurde durch das Gesetz 30 vom 24. Juli 1974 für die Aufnahme an allen Hochschuleinrichtungen das Bestehen einer

Prüfung vorgeschrieben. Durch Dekret 3514 vom 20. Dezember 1974 wurden allgemein gültige Ausführungsbestimmungen festgelegt, die in der Folgezeit öfters modifiziert wurden, wie zuletzt durch Ordre vom 3. Mai 1983. Auch für die Aufnahme der Personen, die das 25. Lebensjahr überschritten haben, wurde eine allgemein gültige Regelung durch Ordre vom 26.5.1971 und deren spätere Modifikationen getroffen (z.B. durch Ordre vom 7. April 1982). Demzufolge sind die obigen Aussagen zur Auswahlautonomie der Universitäten als rein rhetorisch zu betrachten.

Der gleiche Widerspruch ist in der LO 11/83 zu vermerken. Einerseits fallen Aufnahme, Status und Prüfung der Studenten in den Autonomiebereich der Universitäten (Art. 3.2h); andererseits sollen die Aufnahmebedingungen durch ein Gesetz der Cortes Generales reglementiert werden (Art. 25), und die Festlegung des Auswahlverfahrens steht der Regierung nach Anhörung des Rates der Universitäten zu (Art. 26.1). Den Universitäten obliegt nur die Festlegung ihrer Aufnahmekapazität mit Hilfe objektiver Kriterien (modulos), die von dem Rat der Universitäten vorgeschlagen werden.

Bei der Abgrenzung der Rechte, die bei der Auswahl der Studenten zu berücksichtigen sind, nämlich des Rechts des einzelnen auf Bildung, des Rechts der Gesellschaft und des Staates auf ausgebildete Bürger und des Rechts der Universitäten, eigene Aufnahmekriterien aufzustellen, wurde bezeichnenderweise das letztgenannte Recht gestrichen.

Die Zurückhaltung gegenüber einer studentischen Partizipation ist als Kontinuum der jüngsten spanischen Gesetzgebung, ungeachtet des Wechsels der allgemeinpolitischen Rahmenbedingungen, zu vermerken. Im Bildungsgesetz wird von einer "maximalen Vertretung" (maxima representatividad) der Lehrenden und der Studenten in der Universitätskonferenz (Art. 84) wie auch in den Konferenzen der Hochschuleinrichtungen (Art. 87.2) gesprochen. In der Leitungsjunta der Universität wurde zunächst die Vertretung der Studenten vorgesehen (Art. 85.2). Auch in den Bestimmungen über den Status der Lernenden (estudiantes) finden sich Hinweise auf eine Partizipation der Studenten. So wird ihr Recht auf aktive Kooperation im Bildungsprozeß (obra educativa) aufgeführt (Art. 125.3) sowie ihr Recht auf korporative Vertretung im Rahmen des Assoziationsrechts (Art. 125.7) in den jeweiligen Leitungsgremien (Art. 131.1).

Eine spätere Regelung, das Dekret 2176 vom 17. August 1973, sieht in der Zusammensetzung der Leitungsjuntas (oder Kommissionen) der Universitäten keine Studenten vor. In diesem Dekret wurde für jede Universität die Gründung einer Junta der Studentenvereine beschlossen, die - unter dem Vorsitz des Vizerektors - aus den Repräsentanten aller gesetzlich gegründeten Vereine der Universität[17] gebildet sein sollte. Über dieses Gremium, das als Repräsentationsorgan der Studenten definiert wurde, sollten alle Anliegen der Studenten geleitet werden. An dieser Stelle muß an die Vorgeschichte der Studentenorganisation erinnert werden. Im ersten Teil dieser Arbeit wurde auf die Gründung und Neuorganisation des Sindicato Español Universitario (SEU) 1933 bzw. 1937 hingewiesen.[18] Ab 1943 bestand die Mitgliedschaftspflicht aller Studenten im SEU als einziger zugelassener Gewerkschaft. In der "Satzung des Studenten" von 1953 war die Vertretung der Studenten in den akademischen und beratenden Gremien der Universität dem SEU überlassen.[19] Die hierarchische Struktur der Leitung des SEU wurde bis 1958 durch ein direktes Ernennungsverfahren von oben nach unten bestimmt. Das höchste Gremium befand sich auf nationaler Ebene, die untersten Glieder waren die Repräsentanten der Fakultäten und Technischen Hochschulen, jeweils ein Student pro Studienjahr (delegado de curso). Nach 1958 wurde ein Wahlverfahren eingeführt, nach dem der Rat des Studienjahres (consejo de curso) aus zehn Studenten gebildet wurde. Die Befugnisse des SEU begrenzten sich auf den akademischen Bereich.[20]

1965 wurde der SEU durch die Gründung der "Beruflichen Studentenvereine" (Asociaciónes Profesionales de Estudiantes APE) abgelöst[21], die auf denselben Prinzipien wie der SEU aufgebaut waren. Im Protest gegen diese beiden offiziellen Organisationen bildeten sich zunächst gegen den SEU, später gegen die APE, illegale Studentenvereine. Über diese Organisationen (wie übrigens auch über den SEU) liegen keine Aussagen vor, die eine Beurteilung ihrer Aktivität und Wirksamkeit erlaubten.[22] Die punktuellen Aussagen, die verfügbar sind, lassen nur auf die Forderung nach einer autonomen Studentenorganisation schließen, deren Befugnisse über den akademischen Bereich hinausreichen sollten. Während der Amtszeit von Villar Palasí wurden durch Dekret vom 20. September 1968 die Beruflichen Studentenvereine APE aufgelöst und andere Vereinsformen genehmigt. Auf diese Regelung bezieht sich das Dekret 2176 vom 17. August 1973.

1974 wurde die Partizipation der Studenten "provisorisch" geregelt: Durch Dekret 2925 vom 17. Oktober 1974 wurde eine von der Mehrheit der Studenten zu wählende "Authentische Vertretung" in den korporativen Leitungsorganen der Universitäten vorgesehen. In jeder Universität wurde die Studentenvertretung auf drei Ebenen aufgebaut:

1) das Studienjahr oder die Fachgruppe bzw. die Fachsektion;
2) die jeweilige Hochschuleinrichtung;
3) die Universität.

In jedem Studienjahr wurden durch direkte Wahl ein Delegierter, ein Unterdelegierter und eine Anzahl von Beratern gewählt, die 5 Prozent der immatrikulierten Studenten, nicht aber mehr als acht Personen ausmachen sollten. Sie bildeten den Rat des Studienjahres (consejo de curso). In derselben

Art und Weise wurden die Vertreter der Fachgruppen oder Fachsektionen gewählt. Diese wählten dann aus ihren Reihen den Rat des Studienjahres. Sowohl Wähler als auch Kandidaten mußten Spanier und ordentlich immatrikuliert sein (alumnos oficiales) sowie über alle akademischen Rechte verfügen. Eine Wahl war nur dann gültig, wenn mindestens 50 Prozent der Studenten an ihr teilgenommen hatten. Die Delegierten und Unterdelegierten aller Studienjahre bildeten den Rat der Hochschuleinrichtung (consejo de centro); sie wählten aus ihren Reihen den Delegierten und Unterdelegierten der Hochschuleinrichtung. Die Delegierten und Unterdelegierten aller Hochschuleinrichtungen bildeten den Rat der Universität (consejo de universidad) und wählten aus ihren Reihen den Delegierten und Unterdelegierten der jeweiligen Universität. Die Wahlen fanden unter Aufsicht eines Professors statt.

Folgende Befugnisse wurden der Studentenvertretung zugesprochen (Ordre vom 21. Okt. 1974, Art. 19):

a) Teilnahme an den leitenden und beratenden Organen der Universität und des Patronats gemäß dem Bildungsgesetz, den Statuten und anderen Regelungen;
b) Verhandlung mit den akademischen Autoritäten und dem Ministerium und das Recht auf Information;
c) Mitwirkung bei der Festlegung der akademischen Tätigkeiten und der Studienpläne sowie bei der Darstellung des kooperativen Lebens;
d) Teilnahme am außeruniversitären Bildungsauftrag der Hochschulen;
e) Mitwirkung bei der Vergabe von Stipendien und bei der Organisation anderer Hilfeleistungen.

Besonders hervorzuheben sind dabei zwei Punkte: die Mitwirkung in den Leitungsorganen und bei der Bestimmung der Studieninhalte. Der zweite Punkt muß den Betrachter insofern überraschen, als in Spanien diese Aufgabe den Universitäten gar nicht obliegt.

Die Mitwirkung der Studenten in den Leitungsorganen läßt sich anhand der Statuten von 17 Universitäten[23] analysieren. Diese Statuten wurden 1970 bzw. 1971 provisorisch verfaßt, und ihre Geltungsdauer wurde 1974 und 1977 verlängert. Auf die "Konferenzen" und "Juntas" dieser 17 Universitäten und der dazu gehörigen Fakultäten bzw. Technischen Hochschulen beziehen sich die folgenden Ausführungen. Bei acht Universitäten ist eines der Leitungsorgane der Fakultäten bzw. Technischen Hochschulen durch Kommissionen oder andere Gremien ersetzt, die in dieser Aufzählung nicht weiter beachtet werden. Von den verbleibenden 64 Leitungsorganen haben 54 eine Studentenvertretung. Nicht vertreten sind nach den Statuten die Studenten in den "Leitungsjuntas" der Universitäten in Bilbao, Laguna, Murcia, Salamanca, Santiago und Valladolid. Die Regelung von 1973 (Dekret 2176 vom 17. August) sah ohnehin keine Studentenvertretung in den "Juntas" der Universitäten vor. Ebenfalls nicht vertreten waren die Studenten in der "Konferenz" der Universitäten in Sevilla und Valladolid sowie in den entsprechenden Gremien (Leitungskommissionen) in Murcia und Santiago.

Die Vertretung der Studenten in den Leitungsorganen wurde auf unterschiedliche Weise in den Statuten festgelegt. Für die Konferenz der Universitäten gilt folgendes:

1) Anteilsmäßig: 10 Prozent der Mitgliederzahl in der Universität Politécnica von Barcelona, 20 Prozent in Laguna, 15 Prozent in der Universität Politécnica und in der Universität Complutense in Madrid sowie in Oviedo. In diesen fünf Universitäten waren die Professoren zusammen mit den assoziierten Professoren mit 50 Prozent repräsentiert. Die weiteren 50 Prozent teilten sich die Studenten mit den Assistenzprofessoren und den Hilfsassistenten.

2) In absoluten Zahlen: 30 Studenten (zehn pro Zyklus) in der Autonomen Universität Barcelona, je zwei in Bilbao und Salamanca.
3) Im Verhältnis zu den Hochschuleinrichtungen: fünf Studenten pro Fakultät an der Universität Barcelona, sechs Studenten pro Fakultät bzw. Technischer Hochschule und ein Student pro Fachhochschule in Granada, zwei Studenten pro Fakultät an der Autonomen Universität Madrid, ein Student aus dem letzten Studienjahr pro Fakultät in Murcia, zwei Studenten in den letzten zwei Studienjahren in Santiago pro Fakultät, je ein Student für den 2. und 3. Zyklus in Salamanca, drei Studenten pro Fakultät in der Universität Valencia , drei Studenten pro Fakultät bzw. Technischer Hochschule und jeweils zwei Studenten für gemeinsame Kurse in der Universität Politécnica Valencia, ein Student pro Zyklus für jede Fakultät bzw. Technischer Hochschule in Zaragossa.

In den "Juntas" der Fakultäten bzw. Technischen Hochschulen wurde die Beteiligung der Studenten anteilsmäßig mit 9 Prozent für die Universität Complutense Madrid und mit 15 Prozent für die Universität Oviedo festgelegt. Die absoluten Zahlen reichen von eins bis fünf: fünf an der Universität Barcelona, vier an der Universität Valladolid, drei an den Universitäten Granada, Salamanca, Santiago, Sevilla, Valencia, zwei an der Autonomen Universität Barcelona und der Universität Murcia, einer an der Universität Zaragossa. Für die Universität Politécnica Barcelona war ein Student pro Fachgebiet und für die Universität Laguna ein Student pro Studienjahr oder Fachgruppe angegeben.
Bei der Konferenz der Fakultäten bzw. Technischen Hochschulen belief sich die Studentenvertretung auf 30 Prozent der Anzahl der Professoren in der Universität Granada und auf 15 Prozent der Gesamtzahl der Mitglieder in Madrid an den Universitäten Complutense und Politécnica. In absoluten Zahlen waren sechs Studenten an der Universität Valencia und

fünf an der Universität Sevilla vorgesehen. Pro Studienjahr waren dies zwei Studenten in der Universität Politécnica Barcelona, jeweils einer an den Universitäten Autonoma Madrid und Bilbao und zwei pro Zyklus an der Universität Salamanca. Daran wird deutlich, daß die spanischen Universitäten nach der Reform von 1970 keine Gruppenuniversitäten im "reinen" Sinne, d.h. mit Drittel- oder Viertelparitäten, wurden. Die Wissenschaftsfreiheit an den Universitäten wurde nicht durch gesetzliche Maßnahmen gefährdet. Dies verdient, im Vergleich zur Entwicklung in der Bundesrepublik Deutschland festgehalten zu werden, wo das Bundesverfassungsgericht angerufen wurde und sich in seinem Urteil vom 29. Mai 1973 genötigt sah, zum Schutz des einzelnen Wissenschaftlers und der Funktionsfähigkeit der Hochschulen Stellung zu beziehen. Auf diese Weise kam es an den spanischen Universitäten nicht, wie in westeuropäischen und lateinamerikanischen Ländern, zur Stützung ideologischer und politischer Polarisierung durch legale Bestimmungen. Laut Bericht der Evaluationskommission des Bildungsgesetzes haben die Studenten in den Jahren von 1970 bis 1976 (Erscheinungsjahr des Berichts) "Partizipation" vornehmlich nicht einmal über die repräsentativen Positionen in Leitungsorganen ausgeübt, die ihnen in den Statuten und durch das Dekret 2925/1974 eingeräumt worden waren, sondern nur, wie auch die angestellten Lehrkräfte, in ad-hoc-Versammlungen.[24]

Die neue gesetzliche Regelung, die LO 11/83, sieht prinzipiell die Vertretung der Studenten in den seither tätigen Kollegialorganen vor: Leitungsjuntas der Universitäten (Art. 16), Konferenzen der Universitäten, Juntas der Fakultäten, Technischen Hochschulen, Fachhochschulen sowie Konferenzen der Fachbereiche und Institute (Art. 13.2). Nach Art. 4 sollen in den Leitungsorganen die Vertretung der einzelnen Sektoren der universitären Gemeinschaft (gemäß den ihnen zukommenden Funktionen) sowie auch die Interessenvertretung der (außeruniversitären) Gesellschaft gewährleistet sein. Abgesehen vom vorgegebenen Anteil von drei Fünfteln an Lehrkräften in den Konferenzen der Universitäten (Art. 15.2), wird die anteilsmäßige Zusammensetzung der Leitungsorgane den Statuten überlassen, die sich die Hochschuleinrichtungen bis Februar 1985 geben sollten. In den Statuten soll auch das Wahlverfahren für die Leitungsorgane festgelegt werden (Art. 13.2). Beim Abschluß der vorliegenden Untersuchung hatten sich allerdings nur wenige Universitäten ihre neuen Statuten gegeben, so daß auf einen Vergleich der in ihnen enthaltenen Regelungen zur Studentenvertretung mit denen von 1970 und 1983 verzichtet werden mußte.

6. Lehre, Forschung, Titelvergabe

Der komplexen Frage nach der Freiheit der Lehre wurde im historischen Teil dieser Arbeit besondere Aufmerksamkeit geschenkt. Bis in die achtziger Jahre dieses Jahrhunderts begleitete diese Frage die Kämpfe und die Diskussionen um das Bildungswesen. An dieser Stelle werden nur die gesetzlichen Regelungen dargestellt, die im Bildungsgesetz und in der LO 11/83 die Studienpläne bzw. -inhalte, die Forschung und Lehre sowie die Titelvergabe betreffen. Wir beginnen mit den Bestimmungen des Bildungsgesetzes, die für die Universitäten und den Lehrenden Freiräume oder Möglichkeiten zu autonomem Handeln vorsahen.

In Art. 64.1 des Bildungsgesetzes heißt es: Die Universitäten sind autonom und bestimmen die Leistungskontrolle, den Rahmen und die Struktur von Lehre und Forschung. Dasselbe Prinzip soll in den Statuten festgehalten werden: Diese sollen Kriterien zur Annahme und Durchführung der Studien- und Forschungspläne enthalten (Art. 66.2). Die Studienpläne sollen nach den Richtlinien des Ministeriums von den Universitäten verfaßt und vom Ministerium nach Anhörung der Junta de Universidades genehmigt werden (Art. 37.1). Im Widerspruch dazu steht Art. 4, modifiziert durch die Ley Orgánica 5/1980, wonach der Staat für Aufbau und Kontrolle des Schulsystems zuständig ist, sowie für die Festlegung der Abschlüsse und der anderen Bedingungen, die für die Erteilung und Gleichstellung der in Spanien gültigen akademischen und beruflichen Titel erforderlich sind. Die Tatsache, daß es zum Zuständigkeitsbereich des Staates gehört, Bildungsinhalte festzulegen und Titel[25] zu verleihen, läßt die oben erwähnten Freiräume der Universitäten in diesen Bereichen nur als rhetorisch erscheinen.

Zur Autonomie der Lehrenden greifen wir auf zwei Aussagen über deren Pflichten und Rechte zurück: Sie haben die ihnen zugewiesenen Lehr- und Forschungsaufträge sowie die für ihre Funktion bestimmte Tätigkeitsregelung (regimen de dedicación) zu akzeptieren (Art. 104c). Demgegenüber haben sie das Recht, im Rahmen der Richtlinien und Pläne (Lehr-, Studien- und Forschungspläne) die Methoden anzuwenden, die sie für geeignet halten (Art. 105a). Hier ist der bisher einzige Freiraum zu erkennen; er betrifft die individuelle Ebene der Lehrenden und Forschenden und bezieht sich auf die Freiheit, in einem vorgegebenen Bereich selbständig eine Lehr- oder Forschungsmethode zu bestimmen.

Wir wenden uns der Frage zu, wie die Autonomie in diesen Bereichen nach dem Inkrafttreten der LO 11/83 zu interpretieren ist. Dabei gilt unsere Aufmerksamkeit zunächst den "autonomiegebenden" Bestimmungen. Art. 2.1 besagt: Arbeit und Autonomie der Universität beruhen auf dem Prinzip der akademischen Freiheit, die folgende Aspekte aufweist: die Freiheit der Lehre (de cátedra), die Freiheit der Forschung und die Freiheit des Lernens (de estudio). Zum Inhalt der universitären Autonomie werden u.a. aufgeführt: die Konzipierung und Genehmigung von Studien- und Forschungsplänen sowie die Vergabe von Titeln und Diplomen (LO 11/83, Art. 3f,i). Hinzuzufügen ist, daß auch in der LO 11/83, sobald es sich um Autonomie und um die Statuten (als Merkmale von Autonomie) handelt, die Formulierungen vieldeutig und unpräzise sind. Sie versprechen mehr, als sie halten. Präzisierungen bringen die Art. 28 und 29 der LO 11/83. Demnach legt die Regierung auf Vorschlag des Rats der Universitäten die Titel fest, die in Spanien gültig sind, sowie die Richtlinien der Studienpläne, die für ihre Vergabe oder Angleichung durchlaufen werden müssen (Art. 28.1). Die Titel werden vom Rektor im Namen des Königs vergeben (Art. 28.2). Die Universitäten können im Rahmen ihrer Autonomie Studiengänge anbieten, die zu anderen Titeln führen (Art. 28.3).

Art. 29.1 besagt, daß die Universitäten bei der Entwicklung ihrer Studienpläne die Pflicht- und Wahlfächer, die Studienzeiten sowie die praktischen Arbeiten oder Praktika anzugeben haben, die für jede Titelvergabe erforderlich sind. Anders gesagt, die Universitäten adaptieren und konkretisieren die von der Regierung vorgegebenen Richtlinien. Die so entstandenen Studienpläne werden dem Rat der Universitäten zur Anerkennung vorgelegt. Die Freiheit von Lehre und Forschung wird in der LO 11/83 nicht weiter definiert. Ein Zuwachs an Autonomie könnte nur in Paragraph 3 des Art. 28 gesehen werden, der den Universitäten die Möglichkeit gibt, auch nichtvorgegebene Studiengänge zu vermitteln.

Um den Fragenkomplex dieses Abschnitts in ein realistisches Licht zu rücken, folgen einige Informationen über die Institutionalisierung der Forschung an den Universitäten. Sowohl das Bildungsgesetz als auch die LO 11/83 strukturieren den Hochschulbereich in drei Stufen:

- den 1. Zyklus, in dem Grundkenntnisse vermittelt werden;
- den 2. Zyklus, welcher die grundlegende Fachausbildung umfaßt;
- den 3. Zyklus zur Vertiefung der fachlichen Ausbildung und zur Vorbereitung auf Forschung und Lehre (Bildungsgesetz, Art. 31.2, LO 11/83, Art. 30).

Seit dem Inkrafttreten des Bildungsgesetzes sind bisher keine Ausführungsbestimmungen zur Gestaltung des 3. Zyklus erlassen worden. Die LO 11/83 überläßt den Statuten die Form, in der Kurse für Doktoranden von einer Dauer von mindestens zwei Jahren unter der Leitung eines Fachbereichs gemäß den Kriterien abgehalten werden sollen, die auf Vorschlag des Rates der Universitäten von der Regierung genehmigt werden (LO 11/83, Art 31.2). Das Verfahren zur Erlangung des Doktortitels nach Vorlage einer selbständigen Forschungsarbeit bleibt ebenfalls den Statuten überlassen.
In beiden Gesetzen werden die Fachbereiche als Grundeinheiten für Lehre und Forschung (Bildungsgesetz, Art. 70.1, LO 11/83, Art. 8) und die Institute als universitäre Einrichtungen, in denen Forschung betrieben wird, vorgesehen (Bildungsgesetz, Art. 73, LO 11/83, Art. 10). In der hochschulpolitischen Diskussion wurde allgemein festgestellt, daß sich die Fachbereiche als strukturelle Einheit bis Ende der siebziger Jahre nicht durchgesetzt hätten und daß die Institute wegen ihrer unterschiedlichen Entstehungsarten heterogene Einrichtungen geworden seien.

Die für die universitäre Forschung vorgesehene institutionelle Basis ist somit nicht voll verwirklicht worden. Im Bericht der Evaluationskommission des Bildungsgesetzes[26] wurde 1976 hervorgehoben, daß der 1939 zur Entwicklung und Koordinierung der nationalen Forschung gegründete Oberste Rat für wissenschaftliche Forschung CSIC[27] keine richtige Verbindung zur Universität hergestellt habe und daß gesetzliche und formale Schwierigkeiten für eine Zusammenarbeit zwischen Wirtschaft und Universität fast unüberbrückbar seien. Daß die spanischen Universitäten trotzdem wertvolle Forschungsbeiträge leisteten, sei dem "Heroismus" einzelner Wissenschaftler zu verdanken.

7. Zusammenfassende Bemerkungen

Mit der LO 11/83, die in den vorangegangenen Abschnitten dargestellt wurde, will der Gesetzgeber auf der Grundlage eines Mindestmaßes an Homogenität ein breitgefächertes Bildungsangebot und damit eine Vielfalt an universitärer Lehre und Forschung erreichen. Autonomie soll mit den Risiken und der Verantwortung verbunden sein, die Freiheit und Selbstbestimmung mit sich bringen. Einige Aspekte der universitären Autonomie wurden in der vorliegenden Arbeit untersucht; Inhalt und Umfang des Begriffs selbst werden in der LO 11/83 wie folgt definiert (Art. 3.2).

a) Herstellung der Statuten und anderer innerer Normen;
b) Wahl, Nominierung und Absetzung der Leitungs- und Verwaltungsorgane;
c) Herstellung, Genehmigung und Verwaltung des Haushalts und die Verwaltung des Vermögens;
d) Festlegung und Modifizierung des Stellenplans (plantilla);
e) Auswahl, Ausbildung und Förderung des Lehr-,Forschungs-, Verwaltungs- und Dienstleistungspersonals sowie Festlegung der Bedingungen, unter denen sie ihre Tätigkeit auszuüben haben;
f) Konzipierung und Genehmigung der Studien- und Forschungspläne;
g) Gründung spezieller Strukturen zur Unterstützung von Forschung und Lehre;
h) Aufnahme, Verbleib und Leistungskontrolle der Studenten;
i) Verleihung von akademischen und beruflichen Titeln und Diplomen;
j) Aufnahme von Beziehungen zu anderen akademischen, kulturellen und wissenschaftlichen Institutionen des In- und Auslandes.

Unsere abschließenden Bemerkungen sind dem Versuch gewidmet, den konkreten Inhalt dieser Definition zusammenzufassen. Es ergeben sich für die "Autonomie" in ihrer jüngsten Gestalt folgende Aussagen:

a) Die Satzungshoheit ist den Universitäten gegeben, ebenfalls die Bestimmung anderer innerer Normen.
b) Die akademische Leitungsstruktur der Universität ist vorgegeben. Die Wahl für die individuellen Leitungspositionen wie auch die Wahl in die kollegialen Leitungsorgane gehört in den Zuständigkeitsbereich der Universität. Nur der Rektor wird von der Konferenz der Universität gewählt und von der Autonomen Region ernannt. Seine Amtszeit, Wiederwahl oder Absetzung wird in den Statuten festgelegt. Abgesehen von Auflagen, die die Leitungsjunta und die Konferenzen der Universität betreffen, ist sowohl die Zusammensetzung der kollektiven Leitungsgremien als auch die Bestimmung der Funktionen aller Leitungsinstanzen den Statuten überlassen.
c) Die Universitäten werden von den Autonomen Regionen finanziert. Hinzu kommen Studiengelder, Erträge aus Forschungsverträgen u.a. Die Struktur des Haushalts und die Finanzkontrolle müssen den Normen der öffentlichen Hand angepaßt sein. Die Gehälter des Lehrkörpers müssen von der Autonomen Region genehmigt werden.
d) Die Universitäten bestimmen ihren Stellenplan innerhalb der Haushaltsgrenzen. Für Neugründungen setzt die Regierung Mindestauflagen für die materielle Ausrüstung und den Stellenplan fest.
e) Die Auswahl und Ernennung von Mitgliedern des Lehrkörpers sowie von Angehörigen des Forschungs- und Verwaltungspersonals ist den Universitäten überlassen. Bei der Entlassung der beamteten Bediensteten wird gemäß der Gesetzgebung für Beamte verfahren.
f) Die Richtlinien für die Studienpläne sind von der Regierung vorgegeben.

g) Es steht den Universitäten zu, gemäß ihren Statuten Fachbereiche zu gründen, zu modifizieren oder abzuschaffen. Dabei müssen die Normen berücksichtigt werden, die vom Rat der Universitäten vorgeschlagen und von der Regierung genehmigt werden. Den Universitäten bleibt es auch überlassen, gemäß ihren Statuten den Instituten einen interuniversitären Charakter einzuräumen und Verträge zuzulassen, die von Fachbereichen oder Instituten mit privaten und öffentlichen Einheiten oder Privatpersonen für wissenschaftliche, technische und künstlerische Arbeiten oder Lehrgänge abgeschlossen werden.

h) Die Aufnahme und der akademische Status der Studenten sind auf Gesamtstaatsebene geregelt. Ihre "Partizipation" wird durch die Statuten geregelt.

i) Die in Spanien gültigen akademischen und eine akademische Ausbildung voraussetzenden beruflichen Titel werden von der Regierung bestimmt. Die Universitäten können aber Studiengänge anbieten, die zu anderen Titeln führen.

Eine weitere Klärung des Autonomieproblems ist erst vom Inkrafttreten der neuen Universitätsstatuten zu erwarten, die, wie erwähnt, beim Abschluß der vorliegenden Arbeit in ihrer Gesamtheit noch nicht verabschiedet waren.

ANMERKUNGEN ZU TEIL I

1) Ortega y Gasset, José: Schuld und Schuldigkeit der Universität. München: Verlag R. Oldenbourg 1952, S. 20 f.

2) Zitiert bei Ivonne Turin: Era napoleónica la Universidad española del siglo XIX? (War die spanische Universität des 19. Jahrhunderts napoleonisch?) In: Cuadernos de pedagogía. Beilage Nr. 4 1976, S. 4-6.

3) París, Carlos: La universidad española actual: Posibilidades y Frustraciónes (Die spanische Universität der Gegenwart: Möglichkeiten und Frustrationen). Madrid: Editorial Cuadernos para el diálogo 1974, S. 14 f.

4) Jiménez, Alberto: Historia de la universidad española (Geschichte der spanischen Universität). Madrid: Alianza Editorial 1971, S. 58. Der Autor, 1964 verstorben, gründete 1910 in Madrid "die Residenz", ein Studentenheim, das ein geistiger Ableger der "Institución libre de enseñanza" war (s. S. 41). Ihre wissenschaftliche und literarische Arbeit wurde von bedeutenden Persönlichkeiten wie Ortega oder Unamuno unterstützt. Sie wurde 1936 geschlossen.

5) Ebenda, S. 76.

6) Ebenda, S. 34 f.

7) Ebenda, S. 76.

8) Ebenda, S. 94-104.

9) Sáinz de Zúñiga, Ajo: Historia de las universidades Hispanicas (Geschiche der hispanischen Universitäten) Bd. 1. Madrid: Ed. La Normal 1957, S. 230 ff.

10) Das 7. Gesetz des 6. Kapitels im ersten Teil.

11) Jiménez, S. 120 f.

12) Ebenda, S. 141 f.

13) Ebenda, S. 123.

14) Ebenda, S. 274.

15) Die Religionen in Geschichte und Gegenwart. 3. Auflage. Hrsg.: Kurt Galling. Tübingen: J.C.B. Mohr 1957, S. 536.

16) 1836 als Zentraluniversität nach Madrid verlegt. Die Stadt Alcalá de Henares befindet sich auf dem Territorium der römischen Stadt Compluto, von der der Name Universität Complutense stammt.

17) Der Stiftungsbrief der Universität aus dem Jahr 1499 stammt vom Papst Alexander VI. Borgia.

18) Jiménez, S. 154.

19) Ebenda, S. 250.

20) Siehe S. 13

21) Jiménez, S. 207 ff.

22) Puelles Benítez, Manuel de: Educación e ideología en la España contemporánea (Bildung und Ideologie im gegenwärtigen Spanien). Barcelona: Editorial Labor 1980, S. 24.

23) Estatutos provisionales de las universidades (Provisorische Statuten der Universitäten). Madrid: Ministerio de Educación y Ciencia 1973, S.175.

24) Jiménez, S. 255.

25) Diccionario de pedagogía. Editorial Labor 3. Auflage 1974, S. 484.

26) Entrambasaguas de, Joaquin: Grandeza y decadencia de la Universidad Complutense (Pracht und Dekadenz der Universität Complutense). Madrid: Artigrafia Tucán 1972, S. 45.

27) Fülöp-Miller, René: Macht und Geheimnis der Jesuiten. München: Drömer-Knaur 1947, 1960, S. 628 u. S. 626.

28) Jiménez, S. 240.

29) 1814 wurde der Orden wieder zugelassen.

30) Puelles Benítez, S. 32 f.

31) Gaspar Melchor de Jovellanos 1744-1811 Staatsmann und Schriftsteller.

32) Puelles Benítez, S. 38 f.

33) Ebenda, S. 27.

34) Entrambasaguas, S. 223-255.

35) Z.B. bei Andres Ollero Tassaro: Universidad y política. Madrid: Instituto de Estudios Políticos 1972 oder bei Maria Dolores Gomez Moleda, zitiert bei Puelles Benítez, S. 283.

36) Puelles Benítez, S. 61-62; Utande Ignualada, Manuel: La reforma de las Enseñanzas Medias (Die Reform der Sekundarschule). In: Revista de educación 1982, 271, S. 10.

37) Puelles Benítez, S. 68 f.

38) Ebenda, S. 77 ff.

39) Ebenda, S. 86 ff.

40) Ollero Tassaro, S. 81.

41) Puelles Benítez, S. 86.

42) Ebenda, S. 98.

43) Ebenda, S. 108.

44) Ebenda, S. 111.

45) Entworfen unter der Leitung von Gil de Zárate.

46) Puelles Benítez, S. 121 f.

47) Ollero Tassaro, S. 83

48) Konetzke, Richard: Die iberischen Staaten von der Französischen Revolution bis 1874. In: Handbuch der europäischen Geschichte. Bd. 5 Hrsg.: Theodor Schieder. Klett-Cotta 1981, S. 924 f.

49) Zitiert in Puelles Benítez, S. 166 f.

50) Madariaga de, Salvador: Spanien. Stuttgart, Berlin: Deutsche Verlags-Anstalt 1930, S. 77.

51) Zitat in Puelles Benítez, S. 166.

52) Díaz, Elías: Socialismo en España: El Partido y el Estado (Sozialismus in Spanien: Die Partei und der Staat). Madrid: Editorial Mezquite 1982, S. 13.

53) Ebenda, S. 15 f.

54) Libertad de enseñanza.

55) Puelles Benítez, S. 174 ff.

56) Libertad de cátedra.

57) Turin, Ivonne: L'éducation et l'école en Espagne de 1874 à 1902. Libéralisme et tradition. Presses Universitaires de France 1959, S. 23.

58) Zitat in Puelles Benítez, S. 181.

59) Ebenda, S. 180.

60) Madariaga, S. 80.

61) Cánovas: 1875-1881, 1884-1885, 1890-1892, 1895-1897. Sagasta: 1881-1884, 1885-1890, 1892-1895, 1897-1899, 1901. In: Handbuch der europäischen Geschichte, Bd. 6, S. 506. Rechts von diesen beiden Parteien standen die Unión Católica und die Karlisten, links die republikanischen Gruppen. 1878 gründete Pablo Iglesias die Spanische Sozialistische Arbeiterpartei (PSOE).

62) Die Unión Católica, die als Organisation von 1883 bis ca. 1890 bestand, befürwortete gemäß der Stellungnahme des Papstes Leon XIII. die loyale Mitarbeit mit den legalen Repräsentanten des Staates.

63) Siehe S. 40

64) Puelles Benítez, S. 197 f.

65) Madariaga, S. 95.

66) Siehe S. 38

67) Madariaga, S. 93 f.

68) Eingehende Analysen sind bei Puelles Benítez und Ivonne Turin a.a.O. zu finden.

69) París, S. 51 f.

70) Zitiert bei Jiménez, S. 390.

71) Turin: Era napoleónica ...S. 5.

72) Puelles Benítez, S. 247 und 279; Turin: L'éducation..., S. 384 f.

73) Siehe S. 44

74) Puelles Benítez, S. 264.

75) Ebenda, S. 256; Turin: L'éducation... S. 372.

76) Im Vorwort des Projektes (bei Ivonne Turin, ebenda, S.404): "A l'autonomie des anciennes Universités espagnoles dignes, dans leur temps, de se mesurer aux premières de l'Europe, succéda par réaction excessive contre des abus et une corruption secondaire, un régime de centralisation qui fit de l'enseignement un simple service administratif, une bureaucratie, dépendant à tout moment de l'impulsion reçue des pouvoirs publics et manquant, pour le moins, d'un esprit corporatif qui le vivifie, d'un stimulant qui accélère le développement de ses énergies et de la responsabilité qui l'oblige à se mouvoir par elle-même et l'exalta à ses propres yeux et aux yeux de la nation."

77) Turin: ebenda, S. 407 ff.

78) Real decreto de 21 de Mayo de 1919 declarando que todas las Universidades españolas serán autónomes en su doble carácter de Escuelas profesionales y de Centros pedagógicos de alta cultura nacional, y cada una organizará su nuevo régimen con arreglo a las bases que se publican. (Königliches Dekret vom 21. Mai 1919, in dem bestimmt ist, daß alle spanischen Universitäten in ihrer doppelten Eigenschaft sowohl als berufsbildende Schulen wie auch als pädagogische Einrichtungen für nationale Kultur autonom sein werden, sowie daß jede einzelne gemäß den hiermit veröffentlichten Grundsätzen organisiert werden wird.) Im vollen Wortlaut in: Historia de la educación en España. Bd. III. Madrid: Ministerio de Educación y Ciencia. 1982, S. 204-215.

79) Turin: Era napoléonica... S. 6.

80) Madariaga, S. 290.

81) Ebenda, S. 293.

82) Puelles Benítez, S. 272 f.; Hole, Nils: Das öffentliche Elementarschulwesen Spaniens. Ratingen: A. Hena Verlag 1969, S. 67.

83) Puelles Benítez, S. 272.

84) Im Real Orden de 13. Octobre sobre propagandas antipatrióticas y antisociales (Königlicher Orden vom 13. Oktober 1925 über antipatriotische und antisoziale Propaganda). Im vollen Wortlaut in: Historia de la Educación en España. Bd. III. Hrsg.: Ministerio de Educación y Ciencia, S. 216-218.

85) Ebenda, S. 227-247.

86) Puelles Benítez, S. 273 f.

87) Es wurden die religiösen Orden verboten, die mehr als drei Gelübde ablegten. Der Jesuitenorden wurde verboten und sein Vermögen eingezogen.

88) Prinzipien der Nationalen Bewegung. Bei Wefers,Walter: Grundlagen und Ideen des spanischen Staates der Gegenwart. Bonn: Bouvier & Co. 2. Auflage 1967, S. 1967, S. 139. Die Nationale Bewegung (Movimiento) war 1937 aus der Vereinigung der Verbände entstanden, die sich gegen die 2. Republik gewandt hatten.Sie wurde Falange española traditionalista y de las juntas de ofensiva nacional - sindicalista (FET y de las J.O.N.S.) genannt.

89) Puelles Benítez, S. 363 (Übers. der Verf.)

90) Zitat bei Wefers, S. 112. Aus: Instrucción de la conferencia de Metropolitanos españoles sobre los deberes de justicia y caridad en las presentes circunstancias (Bekanntmachung der Konferenz der spanischen Bischöfe über die Pflichten der Gerechtigkeit und Nächstenliebe in den gegenwärtigen Umständen).

91) Die folgenden sechs Gesetze hatten den Charakter eines Grundgesetzes. Sie wurden von der Ley Orgánica del Estado von 1966 aufgehoben bzw. ergänzt oder geändert:
(1) das Grundrecht auf Arbeit (Fuero del trabajo) von 1938,
(2) das Gesetz über die Bildung der spanischen Cortes (Ley de creación de las cortes españolas) von 1942,
(3) das Grundrecht der Spanier (Fuero de los Españoles) von 1945,
(4) das Gesetz über den Volksentscheid (Ley del referendum) von 1945,
(5) das Gesetz über die Nachfolge in der obersten Staatsführung (Ley de sucesion en la jefatura del estado) von 1947,
(6) die Grundsätze der Nationalen Bewegung (Principios del Movimiento nacional) von 1958.

92) Tusquets, J.; Benavent,José A.: Linguistic and cultural unity and diversity in Spanish education. In Compare, vol 8,1, 1978, S. 101-111.

93) "Die Katholische Aktion versucht, als verlängerter Arm der Hierarchie die potestas indirecta der Kirche auszuüben, soweit es jeweils möglich ist. Dabei ist die Organisation auch ganz verschieden; in den romanischen Ländern ist K.A. als solche fest organisiert und z.T. konkordatär anerkannt, in anderen Ländern, z.B. Deutschland, bestehen nur Diözesanausschüsse, während die eigentliche Arbeit in den katholischen Organisationen geleistet wird". In: Die Religionen in Geschichte und Gegenwart, Bd. III, S. 1198.
Die ACNP wurde bis 1935 von Angel Herrera Oria geleitet, der im Rahmen seiner vielfältigen Tätigkeit auch die "Junta Central de Acción Católica", einen anderen Kernpunkt des spanischen Katholizismus, 1933 ins Leben gerufen hatte. Sein Nachfolger bis 1953 war Martín-Sánchez Julia. Die ACNP war bestrebt, nicht viele, aber profilierte "Propagandisten" aufzunehmen: Bis 1920 waren es 21, von 1921 bis 1930 108, von 1931 bis 1936 83, von 1937 bis 1959 252; 1960 waren es 668, davon waren 269 bei der Regierung oder Administration angestellt, 199 Professoren und andere Lehrkräfte, 173 im Handel und in der Industrie tätig, 44 Journalisten und Redakteure, d.h. 668 Propagandisten hatten insgesamt 685 Funktionen inne; die Differenz wird durch Doppelbeschäftigung erklärt. (Montoro Romero, Ricardo: La universidad en la España de Franco 1939/1970. (Die

Universität in Francos Spanien 1939-1970). Madrid: Centro de investigaciónes sociologicas. Colección Monografias Nr. 39, S. 169.)

94) Montoro Romero, S. 193.

95) Opus Dei, gegründet 1928 von José Maria Escriva de Banlanguer.

96) Montoro Romero, S. 203.

97) Modifiziert 1948, 1949, 1934, 1963.

98) Puelles Benítez, S. 374 f.

99) París, S. 55. f.

100) Ebenda, S. 57.

101) Siehe S. 91.

102) París, S. 59.

103) Siehe S. 15.

104) Montoro Romero, S. 144. Die Träger der Colegios Mayores waren 1960/61 anteilsmäßig: 38,8 Prozent die katholische Kirche, 29,6 Prozent die Universitäten, 15,7 Prozent die Falange, 12 Prozent private Eigentümer. 1966 hatten sich die Anteile der Träger wie folgt verändert: 46,7 Prozent die katholische Kirche, 19,3 Prozent die Universitäten, 18,8 Prozent die Falange, 10,7 Prozent private Eigentümer (ebenda, S. 135 ff.).

105) 1933 unter dem Namen Sindicato Falangista de Estudiantes Universitarios gegründet; 1937 erneut gegründet.

106) Montoro Romero, S. 43.

107) Ebenda, S. 115.

108) Ebenda, S. 50.

109) Siehe S. 72 und 100.

110) Siehe S. 82.

111) Luis Abellán, José: La función del pensamiento en la transición politíca (1975-1980). (Funktion des Denkens bei der politischen Transition.) In: España 1975-1980 Conflictos y logros de la democracia (Konflikte und Errungenschaften der Demokratie); (Tagung in der Universität Vanderbilt 1980).

112) Vgl. Abellán, José Luis: Los Ensayistas (Die Essayisten). In: University of Georgia. Nr. 8-9, März 1980.

113) "La educación en España. Bases para una política educativa". Ministerio de Educación y Ciencia. Madrid 1969.

114) Ley general de educación y financiamento de la reforma educativa. Nr. 14 vom 4. August 1970, geändert mit Gesetz Nr. 30 vom 2. August 1976. BOE vom 6. August 1970, berichtigt am 7. August 1970 und 10. Mai 1974, geändert am 3. August 1976.

115) Miclescu, Maria: Bildungsreform in Spanien 1970-1980. Weinheim u.a.: Beltz 1982 = Studien und Dokumentationen zur vergleichenden Bildungsforschung. Bd. 21.

116) Zitiert bei Hole, S. 145 f.

117) Vgl. Robbers, Gerhard: Die neuen Konkordatsverträge zwischen dem Heiligen Stuhl und Spanien. In: Juristenzeitung 36(1981)15/16, S. 516-521.

118) In deutscher Übersetzung bei Miclescu, S. 209 ff.

ANMERKUNGEN ZU TEIL II

1) Ley Orgánica 11/1983 de 25 de agosto, de Reforma Universitaria. In: Boletin Oficial. Colección legislativa. Ministerio de Educación y Ciencia. September 1983,2, S. 1115 f. Im weiteren: LO 11/83.

2) Z.B. die Auflistung von Tania Díaz González. In: Autonomia Universitaria. Edicione Universidad de Navarra. Pamplona 1974, S. 112.

3) Siehe S. 4.

4) Informe que eleva al gobierno la comision evaluadora, de la Ley general de educación y financiamento de la reforma educativa en cumplimiento del decreto 186/76 de 6 de febrero. Madrid 1976. 2. Teil, S. 407.

5) Siehe S. 72.

6) Siehe Partizipation der Studenten, S. 90 ff.

7) Ebenda.

8) Libro Blanco, S. 224.

9) Montoro Romero, S. 64 ff.

10) Ebenda, S. 68.

11) Ebenda, S. 72.

12) Ebenda, S. 74.

13) Libro Blanco, S. 94 f.

14) Informe..., S. 591.

15) Sie sollten bis 1980 bestehen.

16) Siehe S. 88.

17) Gemäß Dekret 224/1968 vom 20. September.

18) Siehe S. 60.

19) Montoro Romero, S. 95.

20) Ebenda, S. 98 f.

21) Dekret vom 5. April 1965.

22) Montoro Romero, S. 108.

23) Estatutos provisionales de las Universidades (Provisorische Statuten der Universitäten). Madrid: Hrsg. Ministerio de Educación y Ciencia 1973. Dazu gehören nicht die Statuten der Universitäten Cordoba, Extramadura, Málaga und Santander, die 1972 bzw. 1973 gegründet wurden.

24) Informe..., S.. 402 f.

25) Auch in Art. 135 f. Bildungsgesetz.

26) Informe..., S. 432.

27) Siehe S. 58 f.

ANHANG

DAS SPANISCHE HOCHSCHULWESEN IN ZAHLEN

Quelle für die Tabellen 1 bis 3:

Datos y cifras de la enseñanza en España 1974
(Daten und Zahlen des Bildungswesens in Spanien).
Ministerio de Educación y Ciencia 1974.

Quelle für die Tabellen 3 bis 24:

Estadística universitaria española (1970-71/1981-82)
(Statistik des spanischen Hochschulwesens).
Ministerio de Educación y Ciencia 1983.

1. Studenten nach Fakultäten und Technischen Hochschulen Studienjahre von 1919-20 bis 1972-73

Staatliche Hochschuleinrichtungen

Studienjahre	Naturwissen-schaften	Ökonomische u.Betriebs-wissensch.	Polit.Wissensch. und Soziologie	Recht	Pharmazie	Philosophie u. Literaturwiss.	Informations-wissensch.	Medizin	Tiermedizin	Architektur	Luftfahrtkunde	Landwirtschaft	Wegebau	Industrie	Untertagebau	Bergwerkskunde	Schiffahrtskunde	Fernmeldewesen	Polytechn. Institute	Gesamt
1919-20 ...	4.470	—	—	5.833	1.870	2.396	—	7.443	981	1.606	—	898	304	571	75	675	—	—	—	27.122
1920-21 ...	4.738	—	—	6.182	1.982	2.539	—	7.889	1.034	1.514	—	860	316	619	80	615	—	—	—	28.368
1921-22 ...	3.382	—	—	5.681	1.994	2.394	—	7.480	925	1.405	—	593	278	648	87	530	—	—	—	25.397
1922-23 ...	4.838	—	—	6.211	2.165	2.165	—	2.681	909	1.315	—	835	269	732	104	307	—	—	—	28.452
1923-24 ...	5.112	—	—	6.312	2.387	3.019	—	8.690	426	1.274	—	753	253	835	98	250	—	—	—	29.409
1924-25 ...	5.419	—	—	6.953	2.607	2.890	—	9.182	398	1.270	—	...	242	946	86	189	—	—	—	30.182
1925-26 ...	5.522	—	—	7.848	2.745	3.127	—	9.618	437	1.011	—	1.057	221	970	100	157	—	—	—	32.813
1926-27 ...	8.601	—	—	8.094	2.790	5.936	—	9.988	541	662	—	872	226	863	113	150	—	—	—	38.836
1927-28 ...	6.009	—	—	10.360	3.571	7.598	—	12.784	792	750	—	747	216	840	95	188	—	—	—	43.950
1928-29 ...	2.614	—	—	18.798	4.806	1.780	—	13.013	1.088	848	—	131	220	1.281	97	32	—	—	—	44.708
1929-30 ...	2.728	—	—	12.882	4.376	1.942	—	11.629	1.377	915	—	118	229	1.102	77	38	—	—	—	37.412
1930-31 ...	2.899	—	—	13.919	4.487	1.476	—	12.011	1.592	980	—	122	235	1.107	83	36	—	—	—	38.947
1931-32 ...	3.350	—	—	11.769	3.234	3.058	—	12.222	1.887	1.042	—	124	231	1.304	77	45	—	—	—	38.343
1932-33 ...	3.848	—	—	11.475	3.137	2.308	—	11.137	1.758	981	—	134	232	1.080	79	51	9	—	—	36.229
1933-34 ...	3.694	—	—	11.016	3.011	2.215	—	10.691	2.084	814	—	...	209	1.075	85	63	9	—	—	34.966
1934-35 ...	4.137	—	—	12.337	3.372	2.480	—	11.973	2.186	178	—	...	183	996	99	...	14	—	—	37.955
1935-36 ...	3.516	—	—	10.486	2.866	2.108	—	10.177	2.656	380	—	...	193	839	99	...	19	—	—	33.339
1936-37 ...	—	—	—	—	—	—	—	—	—	—	—	—	—	—	—	—	—	—	—	—
1937-38 ...	—	—	—	—	—	—	—	—	—	—	—	—	—	—	—	—	—	—	—	—
1938-39 ...	—	—	—	—	—	—	—	—	—	—	—	—	—	—	—	—	—	—	—	—
1939-40 ...	10.288	—	—	16.097	5.492	7.265	—	14.880	3.425	887	—	159	150	800	79	60	35	82	—	59.699

1940-41 ...	6.428	—	—	10.061	3.433	4.541	—	9.300	1.792	564	—	187	162	583	85	62	38	50	—	37.286
1941-42 ...	7.007	—	—	10.334	3.430	4.838	—	9.060	1.717	878	—	174	188	542	79	62	38	58	—	38.405
1942-43 ...	8.191	—	—	11.305	3.686	5.102	—	9.388	1.726	731	—	137	207	606	91	67	50	61	—	41.348
1943-44 ...	8.224	1.223	—	11.555	3.776	4.299	—	10.518	2.169	775	—	117	193	642	94	73	63	64	—	43.790
1944-45 ...	7.161	1.021	—	10.986	3.654	3.709	—	10.650	2.219	951	—	106	218	698	103	85	68	86	—	41.715
1945-46 ...	7.469	1.024	—	12.168	3.219	3.172	—	10.873	2.501	1.019	—	113	228	828	116	94	78	85	—	42.987
1946-47 ...	8.066	1.524	—	13.020	3.228	3.290	—	10.739	2.730	1.054	—	122	230	915	146	102	89	99	—	45.354
1947-48 ...	7.356	1.890	—	14.799	3.660	3.639	—	12.315	3.267	642	—	150	233	1.068	180	104	90	91	—	49.484
1948-49 ...	7.786	1.613	—	15.426	3.771	3.810	—	13.826	3.748	663	—	139	283	1.123	206	100	121	102	—	52.717
1949-50 ...	7.456	2.095	—	16.372	3.938	4.104	—	12.628	3.710	1.145	25	146	229	1.169	209	92	133	106	—	53.557
1950-51 ...	7.851	2.140	—	16.853	4.201	4.059	—	12.768	3.761	639	42	159	234	1.303	250	96	140	109	—	54.605
1951-52 ...	7.530	1.720	—	17.943	4.406	4.037	—	13.998	3.800	618	73	198	206	1.335	272	96	76	117	—	56.425
1952-53 ...	12.404	1.882	—	19.126	4.518	4.074	—	12.437	3.702	664	103	192	278	1.508	280	110	73	114	—	61.465
1953-54 ...	13.487	1.534	—	20.173	4.447	4.600	—	12.025	3.314	458	137	229	278	1.623	293	125	103	99	—	62.925
1954-55 ...	11.993	1.816	—	19.897	4.560	4.916	—	12.725	2.759	463	140	262	309	1.693	300	152	118	127	—	62.239
1955-56 ...	11.074	2.291	—	17.385	5.334	5.347	—	13.269	2.330	543	164	303	356	1.895	310	188	210	167	—	61.107
1956-57 ...	11.765	3.290	—	19.471	6.316	5.890	—	13.268	2.215	602	174	338	388	2.075	258	222	182	205	—	66.659
1957-58 ...	15.554	4.082	—	17.847	5.902	6.486	—	14.018	1.574	519	188	371	421	2.319	385	252	126	218	—	70.262
1958-59 ...	15.063	5.104	—	15.724	5.676	6.853	—	13.832	1.212	747	392	604	828	3.782	495	301	328	431	—	71.372
1959-60 ...	14.142	5.742	—	14.773	5.298	7.345	—	16.715	874	959	447	871	984	6.225	652	301	424	610	—	76.362
1960-61 ...	13.071	6.365	—	13.673	5.068	8.648	—	14.470	810	1.350	644	1.603	1.008	7.408	877	444	471	548	—	76.458
1961-62 ...	13.290	7.034	—	13.438	4.978	9.554	—	15.117	599	1.779	697	1.577	2.009	8.774	1.021	452	551	851	—	81.721
1962-63 ...	14.869	8.200	—	13.418	4.982	10.624	—	16.758	526	1.903	649	1.488	1.980	9.348	1.078	466	477	842	—	87.608
1963-64 ...	17.814	10.356	—	14.124	4.789	12.433	—	20.099	506	2.387	754	2.043	2.338	10.997	1.378	559	643	996	—	102.216
1964-65 ...	19.489	11.087	—	14.750	4.685	14.837	—	19.769	531	4.205	896	2.006	2.676	13.799	1.420	533	775	1.189	—	112.647
1965-66 ...	19.545	11.950	—	15.307	5.421	17.359	—	22.851	550	6.066	1.113	3.157	2.897	14.733	1.626	671	902	1.731	—	125.879
1966-67 ...	22.019	16.850	—	16.241	5.707	20.189	—	23.723	641	6.855	1.329	3.178	3.658	15.362	1.395	625	1.056	2.580	—	141.408
1967-68 ...	25.595	18.657	—	16.574	5.545	24.510	—	23.940	768	8.158	1.294	3.290	4.969	15.272	1.328	556	1.156	2.672	—	154.285
1968-69 ...	29.037	20.000	—	17.202	5.299	28.659	—	28.050	1.059	8.923	1.409	3.489	4.992	15.318	1.286	494	1.177	2.598	—	168.992
1969-70 ...	31.307	20.347	—	18.270	5.541	36.770	—	30.318	1.429	8.234	1.557	3.210	3.790	16.424	1.231	477	1.247	2.760	1.349 •	184.261
1970-71 ...	34.549	23.373	—	19.143	6.168	42.877	—	35.112	1.657	9.698	1.608	2.916	4.937	15.803	1.204	514	1.241	3.477	1.245	205.602
1971-72 ...	42.572	25.683	—	22.665	8.083	49.049	—	37.578	2.166	10.156	1.625	2.779	3.982	13.999	1.299	636	1.210	3.621	1.427	228.529
1972-73 ...	48.617	24.807	1.124	27.065	9.647	55.092	3.503	44.645	2.712	11.236	1.596	2.663	4.240	14.001	1.481	708	1.145	4.499	1.256	260.847

• Valencia.

2. Hochschulabsolventen nach Fakultäten und Technischen Hochschulen Studienjahre von 1950-51 bis 1972-73

Staatliche Hochschuleinrichtungen

Studienjahre	Naturwissenschaften	Ökonomische u. Betriebswissensch.	Polit. Wissensch und Soziologie	Recht	Pharmazie	Philosophie u. Literaturwiss.	Medizin	Tiermedizin	Gesamt	Architektur	Luftfahrtkunde	Landwirtschaft	Wegebau	Industrie	Industrie (Fachricht.: Textilien)	Untertagebau	Bergwerkskunde	Schiffahrtskunde	Fernmeldewesen	Techn. Fachrichtungen insgesamt	Gesamt
1950-51	466	92	—	1.389	346	1.065	1.055	376	4.789	48	—	24	35	126	25	40	21	18	14	351	5.140
1951-52	443	75	—	1.598	307	1.028	984	379	4.814	28	—	23	55	130	14	48	11	9	12	330	5.144
1952-53	480	56	—	1.786	245	909	1.093	303	4.872	54	—	27	48	181	28	50	12	3	15	418	5.290
1953-54	602	94	—	1.843	302	1.300	1.190	387	5.718	53	21	32	52	165	29	50	21	8	18	449	6.167
1954-55	632	90	—	1.615	366	603	1.292	378	4.976	51	21	34	51	210	34	56	13	15	16	501	5.477
1955-56	540	74	—	1.551	367	730	1.285	451	4.998	61	32	34	47	210	44	58	14	21	18	537	5.535
1956-57	783	46	—	1.754	408	689	1.238	376	5.294	122	25	42	62	256	14	56	20	25	15	637	5.931
1957-58	475	96	—	1.672	502	759	1.251	261	5.016	84	29	45	87	274	24	58	48	31	29	709	5.725
1958-59	565	99	—	1.448	453	677	1.251	228	4.721	98	31	56	80	326	19	56	43	22	27	758	5.479
1959-60	478	138	—	1.509	483	742	1.495	233	5.079	84	32	64	68	336	34	62	46	22	30	778	5.856
1960-61	536	188	—	1.285	396	828	1.104	138	4.475	93	32	63	79	346	28	67	47	19	39	813	5.288
1961-62	642	189	—	1.314	312	774	1.600	118	4.949	88	38	78	84	425	36	68	38	31	38	924	5.873
1962-63	680	176	—	1.160	269	859	1.393	95	4.632	81	20	81	69	749	25	67	44	38	40	1.214	5.846
1963-64	622	334	—	1.079	518	1.209	1.504	75	5.341	145	57	159	167	447	29	67	51	48	100	1.270	6.611
1964-65	1.161	345	—	1.116	514	1.018	1.607	35	5.796	180	60	249	105	761	29	97	50	39	68	1.638	7.434
1965-66	1.005	502	—	1.161	539	1.054	1.725	42	6.028	191	66	106	157	765	20	83	26	49	66	1.529	7.557
1966-67	1.190	378	—	1.215	573	1.775	1.751	42	6.924	153	42	139	44	661	14	85	36	42	96	1.312	8.236
1967-68	1.346	827	—	1.454	622	1.930	2.043	58	8.280	246	66	79	147	730	7	111	46	55	100	1.585	9.865
1968-69	1.497	732	—	1.390	745	1.768	2.088	64	8.284	291	44	258	298	753	(1)	148	59	65	137	2.053	10.337
1969-70	1.759	964	—	1.100	629	2.102	2.444	86	9.084	285	57	464	316	836	(1)	157	27	74	102	2.318	11.402
1970-71	...	...	...	...	...	...	...	...	...	...	...	...	...	...	...	...	...	...	...	...	...
1971-72	2.073	1.162	—	1.625	609	2.817	2.666	106	11.051	279	89	269	253	1.104	(1)	44	24	72	81	2.215	13.266
1972-73	2.627	1.488	202	1.432	539	4.152	2.665	128	13.232	351	35	262	209	1.132	(1)	90	34	66	84	2.263	15.496

(1) Industrie

Nichtstaatliche Hochschuleinrichtungen

Studien-jahre	Naturwissen-schaften	Recht	Pharmazie	Philos. u.Litera-turwiss.	Medizin	Andere (2)	Fakul-täten insges.	Elektro-mechanik Madrid	Ind.Inge-nieurw.San Sebastian	Inst.f. Chemie Sarriá	Archi-tektur	Techn. Fachr. insges.	Gesamt
1963-64	—	44	—	15	27	—	86	42	—	19	—	61	147
1964-65	—	44	—	130	31	—	205	37	—	29	—	66	271
1965-66	—	81	—	144	39	—	264	50	—	20	—	70	334
1966-67	—	126	—	154	55	—	335	45	12	42	—	99	434
1967-68	22	165	—	195	80	—	462	83	16	55	—	154	616
1968-69	27	197	47	189	106	—	566	43	56	37	16	152	718
1969-70	26	185	31	156	84	—	484	43	80	60	22	205	689
1970-71	...	...	...	...	...	...	...	...	...	...	...	...	...
1971-72	68	53	39	363	109	—	632	57	63	66	8	194	826
1972-73	30	98	39	330	112	234	843	60	75	57	42	234	1.077

(2) Informatik, Theologie, Kanonisches Recht

3. Studentenzahl je 10.000 Einwohner
Studienjahre von 1924-25 bis 1972-73

Studienjahre	Studenten der Fakultäten	Studenten der Techn. Hochsch.	Studenten insgesamt	Einwohner	Studenten je 10.000 Einwohner
1924-25	27.449	2.733	30.182	22.180.200	14
1925-26	29.297	3.516	32.813	22.405.045	15
1926-27	35.950	2.886	38.836	22.632.168	17
1927-28	41.114	2.836	43.950	22.861.594	19
1928-29	42.099	2.609	44.708	23.093.346	19
1929-30	34.934	2.478	37.412	23.327.447	16
1930-31	36.384	2.563	38.947	23.563.867	17
1931-32	35.520	2.823	38.343	23.785.665	16
1932-33	33.663	2.566	36.229	24.009.551	15
1933-34	32.711	2.255	34.966	24.235.545	14
1934-35	36.485	1.470	37.955	24.463.665	14
1935-36	31.809	1.530	33.339	24.693.933	14
1936-37	—	—	—	24.926.368	—
1937-38	—	—	—	25.160.991	—
1938-39	—	—	—	25.397.823	—
1939-40	57.447	2.252	59.699	25.636.884	23
1940-41	35.555	1.731	37.286	25.877.971	14
1941-42	36.386	2.019	38.405	26.080.561	15
1942-43	39.398	1.950	41.348	26.284.737	16
1943-44	41.764	2.026	43.790	26.490.512	17
1944-45	39.400	2.315	41.715	26.697.898	16
1945-46	40.426	2.561	42.987	26.906.907	16
1946-47	42.597	2.757	45.354	27.117.552	17
1947-48	46.926	2.558	49.484	27.329.847	18
1948-49	49.980	2.737	52.717	27.543.804	19
1949-50	50.303	3.254	53.557	27.759.436	19
1950-51	56.633	2.972	59.605	27.976.755	21
1951-52	53.434	2.991	56.425	28.094.612	20
1952-53	58.143	3.322	61.465	28.331.823	22
1953-54	59.580	3.345	62.925	28.571.036	22
1954-55	58.666	3.573	62.239	28.812.266	22
1955-56	57.030	4.137	61.167	29.055.535	21
1956-57	62.215	4.444	66.659	29.300.860	22
1957-58	65.463	4.799	70.262	29.548.251	24
1958-59	63.464	7.908	71.372	29.797.736	24
1959-60	64.889	11.473	76.362	30.049.325	25

1960-61	62.105	14.353	76.458	30.303.040	25
1961-62	64.010	17.711	81.721	30.558.896	27
1962-63	70.278	18.975	89.253	30.816.907	29
1963-64	81.889	22.956	104.845	31.077.104	34
1964-65	87.931	28.510	116.441	31.339.497	37
1965-66	96.493	34.312	130.805	31.965.565	41
1966-67	109.609	37.842	147.451	32.040.036	46
1967-68	120.842	40.604	161.446	32.411.407	50
1968-69	134.945	41.483	176.428	32.788.596	54
1969-70	150.094	42.045	192.139	33.950.376	57
1970-71	168.612	44.547	213.159	33.956.047	63
1971-72	194.854	42.978	237.832	34.314.000	69
1972-73	225.365	44.738	270.103	34.675.000	78 (1)

(1) Mit den Studenten der Fachhochschulen beträgt die Gesamtzahl der Studenten 369.698, d. h. 106 Studenten je 10.000 Einwohner.

4. Immatrikulierte Studenten nach Fachrichtungen in den Studienjahren von 1970-71 bis 1980-81

Fachrichtungen / Studienjahre	1970/71	1971/72	1972/73	1973/74	1974/75	1975/76	1976/77	1977/78	1978/79	1979/80	1980/81
Fakultäten	170.453	197.531	219.161	269.980	293.761	346.755	375.891	420.983	406.289	415.107	423.911
Bildende Künste	1.728	1.934	2.320	1.950	2.201	2.300	2.984	2.793	1.781	3.135	3.670
Naturwissenschaften[1]	34.885	43.196	46.196	52.854	52.373	55.161	53.840	54.974	48.717	51.535	53.523
Ökonomie	20.790	25.683	19.811	25.699	32.179	38.213	40.779	51.762	45.195	44.113	45.195
Informationswissensch.		198	3.733	6.177	7.792	9.300	9.240	10.620	8.954	8.644	7.043
Politologie u. Soziologie	2.696	134[3]	980	4.928	6.404	5.785	5.635	5.607	5.281	4.881	4.300
Recht	21.009	24.804	28.638	39.751	41.970	51.998	62.608	70.875	74.117	80.130	83.350
Kanonisches Recht		87	82	90	73	91	108	73	86	109	93
Pharmazie	6.449	8.353	9.926	13.769	18.963	22.024	22.705	24.076	20.613	20.977	20.367
Philosophie u. Literaturwiss.[2]	45.427	52.190	59.982	65.548	69.366	86.561	93.011	98.995	94.120	95.271	104.970
Informatik				19	344	631	801	3.999	5.894	4.307	4.112
Medizin	35.812	38.308	44.247	55.250	57.533	70.166	79.399	83.033	81.517	79.165	71.595
Psychologie								8.586	14.729	16.289	18.432
Theologie		478	534	528	515	334	278	391	447	892	649
Tiermedizin	1.657	2.166	2.712	3.417	4.048	4.191	4.503	5.199	4.838	5.659	6.612
Technische Hochsch:	44.547	42.978	44.738	46.799	49.915	48.596	46.761	49.406	43.398	45.351	46.147
Fachhochschulen	118.380	128.519	104.766	101.050	121.134	136.500	152.760	172.593	171.265	178.830	179.040
Architektur u. Ingenieurw.	63.555	61.740	50.884	44.849	48.302	50.763	51.764	52.595	49.047	51.802	52.046
Krankenpflege								3.554	7.485	12.653	14.149
Betriebslehre	7.274	7.529	8.351	11.641	13.774	15.203	16.810	19.416	19.507	21.087	22.774
Päd. Fachhochsch.	47.551	59.250	45.531	44.560	59.058	70.534	84.186	97.028	93.830	91.328	86.551
Andere									1.396	1.960	3.520
Andere Studiengänge[4]	21.605	22.074	25.774	27.180	28.917	25.621	29.584	28.653	28.090	24.958	2.030[5]
Gesamt	354.985	391.102	394.439	445.009	493.727	557.472	604.996	671.635	649.042	664.246	651.128
Wachstumsrate	100,00	110,17	111,11	125,36	139,08	157,04	170,43	189,20	182,84	187,12	183,42
Stud. je 10.000 Einw.	105,17	114,80	114,74	128,27	140,94	157,47	168,88	185,25	177,01	179,17	173,96

Anmerkungen:

1 Biologie, Physik, Geologie, Mathematik u. Chemie.
2 Philosophie u. Literaturwissenschaften, Philologie, Philosophie u. Erziehungswissenschaften, Geographie u. Geschichte.
3 In der Universität Complutense in Madrid auch Ökonomie.
4 Militärakademien, Schulen für Sozialwesen, für Touristik, Theaterschulen, Konservatorien u.a.
5 Daten der Allgemeinen Militärakademien.

5. Immatrikulierte Studenten nach Universitäten

Universitäten / Studienjahre	1970/71	1971/72	1972/73	1973/74	1974/75	1975/76	1976/77	1977/78	1978/79	1979/80	1980/81
Staatliche:											
Alcalá de Henares	551	585	649	653	682	1.585	1.779	1.991	1.691	2.816	3.339
Alicante	958	1.033	1.040	997	1.072	1.398	1.642	1.591	[11]	4.601	5.472
Baleares	426	698	777	878	1.175	1.950	2.826	3.162	3.778	3.933	3.860
Barcelona (Autónoma) [1]	2.382	5.133	8.594	10.446	12.137	14.310	15.407	18.214 [5]	20.466 [10]	20.556	21.284
Barcelona (Central)	34.877	37.901	36.755	39.631	42.226	54.902	60.138	65.815	59.533	61.048	61.782
Barcelona (Politécnica)	23.315 [2]	23.182 [2]	22.182	19.700	20.239	19.978	19.909	20.810	17.590	19.775	19.616
Cádiz	2.628	3.487	3.358	3.831	4.437	4.593	5.538	6.143	250 [8]	7.073	7.618
Córdoba	3.501	3.386	2.767	3.015	5.278	6.403	7.294	8.935	8.990 [9]	9.130	10.372
Extremadura	2.332	2.530	1.901	2.967	4.296	6.561	6.829	8.142	8.441	8.782	9.116
Granada	17.820	20.841	20.946	22.928	24.574	26.579	28.701	32.427	30.870	32.756	33.221
La Laguna	4.813	6.381	6.138	7.441	10.204	11.544	13.481	16.605	15.627	15.362	15.617
Las Palmas (Politécnica)	2.113	2.245	2.252	2.407	2.540	2.427	2.072	1.969	1.993	2.188	2.378
León	2.288	2.429	2.481	2.563	3.710	4.038	4.394	5.027	1.068 [6]	5.969	6.204
Madrid (Autónoma) [1]	2.755	4.623	7.365	7.809	9.080	12.212	15.994	31.767	21.719 [7]	23.928	24.980
Madrid (Complutense)	55.504	60.606	57.395	70.594	76.946	88.891	92.177	89.445	87.694	88.573	80.527
Madrid (Politécnica)	37.855 [3]	35.308 [3]	35.568	34.443	37.863	35.441	34.402	38.462	37.200	36.202	37.162
Málaga	3.700	3.990	3.688	3.846	5.686	6.004	8.012	9.051	9.396	10.392	10.865
Murcia	5.169	7.036	6.755	7.519	8.028	10.291	11.847	14.235	14.381	14.865	15.202
Oviedo	9.688	11.910	11.874	14.312	14.913	18.075	20.085	21.467	24.788	20.663	20.638
País Vasco	15.039	15.320	16.590	15.918	18.871	21.349	23.394	25.498	23.671	26.680	30.169
Salamanca	8.795	9.899	9.635	10.345	12.663	13.094	13.497	14.379	15.398	15.784	16.612
Santander	2.903	3.342	3.003	3.757	4.097	4.804	4.808	5.497	5.363	5.838	5.498
Santiago	15.117	17.093	17.091	19.680	21.740	24.199	26.295	29.239	29.014	30.070	30.332
Sevilla	17.750 [4]	20.695 [4]	18.878	20.160	24.847	26.513	29.368	33.681	38.865	30.205	32.027
Valencia	15.721	17.564	18.802	22.201	27.136	30.775	35.845	37.431	40.612	38.147	38.352
Valencia (Politécnica)	6.560	6.324	5.509	5.245	5.925	6.395	7.071	7.391	6.937	7.452	8.370
Valladolid	13.164	14.906	13.532	15.550	14.631	18.832	17.880	19.496	18.779	17.855	19.592
Zaragoza	15.425	18.368	17.560	20.333	19.578	23.744	25.686	27.589	25.876	27.455	28.384
Zwischenergebnis	323.149	356.815	353.085	389.169	434.574	496.887	536.371	595.459	569.990	588.098	598.589
Fernuniversität			6.400	17.195	17.439	21.745	24.599	33.437	32.598	33.463	31.060
Staatliche gesamt	323.149	356.815	359.485	406.364	452.013	518.632	560.970	628.896	602.588	621.561	629.649

Nichtstaatliche:											
Comillas	450	450	514	567	593	874	869	756	2.113	2.487	2.772
Deusto	2.750	3.175	3.164	3.754	4.131	4.235	5.358	4.847	8.614	6.976	8.571
Navarra	3.684	4.556	4.336	5.695	6.367	6.366	6.632	6.751	5.635	6.045	6.409
Salamanca (Pontificia)	706	1.336	1.162	1.449	1.706	1.744	1.583	1.732	2.002	2.219	1.697
Nichtstaatl. gesamt	7.590	9.517	9.176	11.465	12.797	13.219	14.442	14.086	18.364	17.727	19.449
Gesamt	330.739	366.332	368.661	417.829	464.810	531.851	575.412	642.982	620.952	639.288	649.098

Anmerkungen:

1 Die Studenten der Pädagogischen Fachhochschulen sind in den Universitäten Barcelona (Central) bzw. Madrid (Complutense) geführt.
2 Das Fernmeldewesen ausgenommen.
3 Die Forstwirtschaft und das Fernmeldewesen ausgenommen.
4 Die Forstwirtschaft ausgenommen.
5 Studenten der Fachhochschule für Krankenpflege.
6 Keine Angaben.
7 Die Pädagogischen Fachhochschulen inbegriffen.
8 Ohne Angaben für die Pädagogischen Fachhochschulen und die Fachhochschulen für Betriebslehre.
9 Ohne Angaben für die Fachhochschulen für Betriebslehre.
10 Die Studenten des Instituts für Chemie von Sarriá inbegriffen.
11 Die Studenten aus Alicante und Cádiz sind in Valencia bzw. Sevilla geführt.

6. FAKULTÄTEN

Immatrikulierte Studenten in den Studienjahren von 1970-71 bis 1980-81 nach Universitäten

Studienjahre / Universitäten	1970/71	1971/72	1972/73	1973/74	1974/75	1975/76	1976/77	1977/78	1978/79	1979/80	1980/81
Staatliche:											
Alcalá de Henares						986	1.161	1.133	1.316	1.705	2.298
Alicante						183	187	275	[1]	2.727	3.478
Baleares			210	475	824	967	1.441	1.397	2.069	2.288	2.404
Barcelona (Autónoma)	1.851	4.191	8.066	9.872	11.621	13.743	14.847	16.772	15.170	15.016	15.643
Barcelona (Central)	27.174	29.803	29.697	32.419	34.092	45.694	48.846	51.452	50.149	50.992	51.704
Barcelona (Politécnica)								188	179	387	582
Cádiz	809	995	1.350	1.663	2.005	2.153	2.339	2.515	[2]	3.239	3.663
Córdoba	398	454	585	1.141	2.523	3.282	3.762	4.636	4.805	5.042	6.539
Extremadura	264	320	408	838	1.682	2.827	2.609	3.238	3.349	3.274	3.685
Granada	11.242	12.996	15.186	17.292	17.969	18.566	20.069	22.381	20.625	22.294	22.857
La Laguna	3.230	3.977	4.159	5.205	6.724	6.900	7.986	10.069	9.370	9.662	10.726
León	455	469	615	588	1.234	1.363	1.492	1.805	1.068	2.723	3.375
Madrid (Autónoma)	2.755	4.623	7.365	7.809	9.080	12.212	15.994	31.767	17.874	19.635	20.383
Madrid (Complutense)	48.427	51.143	49.485	62.256	67.688	78.352	79.283	75.549	75.820	76.737	69.873
Madrid (Politécnica)								3.210	4.118	2.407	1.957
Málaga	1.730	1.653	1.601	2.470	3.538	4.541	4.939	5.187	5.039	5.772	6.514
Murcia	2.191	3.633	4.189	4.709	4.915	6.064	6.956	7.834	8.151	8.880	9.209
Oviedo	4.760	6.361	7.261	9.298	9.287	11.288	12.743	15.056	15.341	14.283	13.711
País Vasco	5.552	6.260	7.870	8.486	9.076	9.877	11.019	11.578	11.164	12.648	14.947
Salamanca	6.411	6.793	7.687	8.709	10.135	10.464	9.943	10.314	11.648	12.044	12.724
Santander	341	707	930	1.146	1.248	1.391	1.536	1.583	1.721	2.246	2.089
Santiago de Compostela	9.055	10.362	11.608	14.377	14.495	15.979	18.062	19.238	18.569	19.678	20.765
Sevilla	7.790	10.700	10.541	12.041	15.752	17.052	18.513	21.235	23.335	17.475	18.518
Valencia	12.440	14.152	15.811	19.100	21.385	24.255	27.995	28.234	29.781	28.734	29.203
Valencia (Politécncia)	602	619	733	384	576	487	699	480	505	505	719
Valladolid	6.873	7.492	7.823	9.643	8.346	11.116	10.645	11.666	11.114	10.310	11.680
Zaragoza	10.257	12.027	12.238	14.744	13.005	16.007	17.583	18.332	16.299	17.073	17.837
Zwischenergebnis	164.607	189.730	205.418	244.665	267.200	315.749	340.649	377.124	358.579	367.776	377.083
Fernuniversität			6.400	16.164	16.260	20.361	23.436	32.460	31.738	32.246	30.137
Staatliche gesamt	164.607	189.730	211.818	260.829	283.460	336.110	364.085	409.584	390.317	400.022	407.220

Nichtstaatliche:											
Comillas (Pontificia) ...									1.467	1.883	2.152
Deusto	2.750	3.175	3.164	3.754	4.131	4.235	5.358	4.847	8.614	6.976	8.571
Navarra	2.486	3.290	3.017	3.948	4.464	4.666	4.865	4.820	4.361	4.517	4.685
Salamanca (Pontificia)...	610	1.336	1.162	1.449	1.706	1.744	1.583	1.732	1.530	1.709	1.283
Nichtstaatl. gesamt	5.846	7.801	7.343	9.151	10.301	10.645	11.806	11.399	15.972	15.085	16.691
Gesamt	170.453	197.531	219.161	269.980	293.761	346.755	375.891	420.983	406.289	415.107	423.911

Anmerkungen:

1 Bei Valencia inbegriffen.
2 Bei Sevilla inbegriffen.

7. TECHNISCHE HOCHSCHULEN

Immatrikulierte Studenten in den Studienjahren von 1970/71 bis 1980/81 nach Fachrichtungen

Fachrichtungen / Studienjahre	1970/71	1971/72	1972/73	1973/74	1974/75	1975/76	1976/77	1977/78	1978/79	1979/80	1980/81
Architektur	9.997	10.431	11.526	12.775	13.716	13.951	13.627	15.379	14.065	15.351	15.711
Luftfahrt-Ingenieurwesen	1.688	1.625	1.596	1.708	1.835	1.807	1.749	1.710	1.369	1.381	1.259
Landwirtschaft-Ingenieurw.	2.916	2.779	2.663	2.543	2.620	2.480	2.458	2.619	2.291	2.215	3.080
Wege-, Kanäle-, Hafenkunde-Ingenieurwesen	4.937	3.982	4.240	4.892	4.823	4.594	4.652	4.622	4.092	3.874	4.725
Industrie-Ingenieurw.	16.797	15.027	15.096	15.791	15.793	16.190	15.448	16.103	13.989	14.343	14.066
Untertagebau-Ingenieurw.	1.204	1.298	1.481	1.624	1.750	1.569	1.380	1.437	1.139	1.051	1.100
Bergwerk-Ingenieurw.	514	636	708	760	922	929	844	944	810	888	942
Schiffahrt-Ingenieurw.	1.241	1.210	1.145	1.185	1.258	1.052	963	909	817	724	618
Chemie-Ingenieurw.	531	942	528	574	516	567	560	525	[1]	377	456
Fernmelde-Ingenieurw.	3.477	3.621	4.499	4.947	6.682	5.457	5.080	5.158	4.826	5.147	4.190
Polytechnik Valencia	1.245	1.427	1.256								
Gesamt	44.547	42.978	44.738	46.799	49.915	48.596	46.761	49.406	43.398	45.351	46.147

Anmerkung:

1 Geführt bei den Industrie-Ingenieuren Barcelona.

8. FACHHOCHSCHULEN

Immatrikulierte Studenten in den Studienjahren von 1970/71 bis 1980/81 nach Universitäten

Studienjahre / Universitäten	1970/71	1971/72	1972/73	1973/74	1974/75	1975/76	1976/77	1977/78	1978/79	1979/80	1980/81
Staatliche:											
Alcalá de Henares	551	585	649	653	682	599	618	858	375	1.111	1.041
Alicante	958	1.033	1.040	997	1.072	1.215	1.455	1.316	•	1.874	1.994
Baleares	426	698	567	403	351	983	1.385	1.765	1.709	1.645	1.456
Barcelona (Autónoma) [1]								917 [5]	5.296	5.163	5.185
Barcelona (Central)	7.703	8.098	7.058	7.212	8.134	9.208	11.292	14.363	9.384	10.056	10.078
Barcelona (Politécnica)	14.715 [2]	14.217 [2]	12.637	10.388	10.973	10.255	9.461	9.778	7.196	9.231	8.962
Cádiz	1.819	2.492	2.008	2.168	2.432	2.440	3.199	3.628	250 [6]	3.834	3.955
Córdoba	2.607	2.412	1.608	1.202	2.049	2.465	2.953	3.706	3.795 [6]	3.555	3.248
Extremadura	2.068	2.210	1.493	2.129	2.614	3.734	4.220	4.904	5.092	5.508	5.431
Granada	6.578	7.845	5.760	5.636	6.605	8.013	8.632	10.046	10.245	10.462	10.364
La Laguna	1.583	2.404	1.979	2.236	3.480	4.644	5.495	6.536	6.257	5.700	4.891
Las Palmas (Politécnica)	1.555	1.540	1.385	1.313	1.314	1.312	1.146	1.022	1.134	1.353	1.510
León	1.833	1.960	1.866	1.975	2.476	2.675	2.902	3.222	•	3.246	2.829
Madrid (Autónoma) [1]									3.485 [7]	4.293 [7]	4.597
Madrid (Complutense)	7.077	9.463	7.910	8.338	9.258	10.539	12.894	13.896	11.874	11.836	10.654
Madrid (Politécnica)	14.704 [3]	14.456 [3]	13.898	11.973	13.078	13.244	13.744	13.958	14.425	15.012	16.065
Málaga	1.970	2.337	2.087	1.376	2.148	1.463	3.073	3.864	4.357	4.620	4.351
Murcia	2.978	3.403	2.566	2.810	3.113	4.227	4.891	6.401	6.230	5.985	5.993
Oviedo	4.564	5.068	3.960	4.178	4.709	5.964	6.662	5.748	8.898	5.732	6.157
País Vasco	5.931	5.919	5.165	4.112	6.339	8.032	9.395	10.603	9.768	11.081	12.927
Salamanca	2.384	3.106	1.948	1.636	2.528	2.630	3.554	4.065	3.750	3.740	3.888
Santander	1.819	1.939	1.335	1.849	1.947	2.649	2.603	3.286	3.223	3.304	3.061
Santiago de Compostela	6.062	6.731	5.483	5.303	7.245	7.981	7.789	9.423	9.720	9.531	8.497
Sevilla	7.698 [4]	7.628 [4]	6.017	5.798	6.598	6.894	8.587	9.665	13.282	10.310	11.083
Valladolid	5.794	6.858	5.108	5.299	5.782	7.078	6.610	6.984	6.805	6.462	6.650
Valencia (Literaria)	3.281	3.412	2.991	3.101	5.751	6.520	7.850	9.197	10.831	9.413	9.149
Valencia (Politécnica)	3.462	3.255	2.474	2.522	2.849	3.277	3.675	3.620	3.521	3.778	3.943
Zaragoza	5.168	6.341	5.322	5.589	6.573	7.342	7.533	8.597	8.811	9.571	9.658
Staatliche gesamt	115.288	125.410	104.314	100.196	120.100	135.383	151.618	171.368	170.073	177.406	177.617

Nichtstaatliche:											
Comillas						251	228	134	179	200	223
Navarra	355	413	448	854	1.034	866	914	1.091	541	714	786
Salamanca (Pontificia)	96								472	510	414
Nichtstaatl. gesamt	451	413	448	854	1.034	1.117	1.142	1.225	1.192	1.424	1.423
Gesamt	115.739	125.823	104.762	101.050	121.134	136.500	152.760	172.593	171.365	178.830	179.040

Anmerkungen:

1 Die Studenten der Pädagogischen Fachhochschulen sind in den Universitäten Barcelona (Central) bzw. Madrid (Complutense) geführt.
2 Das Fernmeldewesen ausgenommen.
3 Die Forstwirtschaft und das Fernmeldewesen ausgenommen.
4 Ebenso.
5 Studenten der Fachhochschule für Krankenpflege.
6 Keine Angaben.
7 Die Pädagogischen Fachhochschulen inbegriffen.
8 Ohne Angaben für die Pädagogischen Fachhochschulen und die Fachhochschulen für Betriebslehre.
9 Ohne Angaben für die Fachhochschulen für Betriebslehre.

9. Absolventen der Fakultäten
Studienjahre von 1970/71 bis 1980/81
nach Fachrichtungen

Fachrichtungen / Studienjahre	1970/71[1]	1971/72	1972/73	1973/74	1974/75	1975/76	1976/77	1977/78	1978/79	1979/80	1980/81
Bildende Künste		[1]	364	[1]	427	185	525	379	141	157	256
Naturwissenschaften		2.141	2.657	2.897	1.780	2.272	2.867	3.090	412	45	279
Biologie					589	572	589	926	1.805	1.770	1.777
Physik					85	82	357	375	622	588	470
Geologie					80	96	132	89	157	154	182
Mathematik					247	292	269	389	712	682	596
Chemie					479	546	331	610	1.667	1.764	1.706
Ökonomie		1.162	1.488	2.142	1.693	2.186	2.421	2.865	3.078	3.707	4.066
Informationswissensch.			28	36		602	629	1.105	1.254	1.470	1.372
Politologie u. Soziologie			224	263	275	298	534	349	666	576	317
Recht		1.678	1.530	1.704	1.821	2.706	3.532	3.900	4.584	4.617	5.263
Kanonisches Recht			25	37	26	37	43	32	35	53	46
Pharmazie		641	578	680	974	1.143	1.584	1.733	2.229	2.280	2.184
Philosophie u. Literaturwissensch.		3.180	4.482	4.975	5.272	4.237	5.423	5.288	493	130	310
Philologie					137	1.102	1.175	1.123	2.737	2.644	2.836
Philosophie u. Erziehungswiss.						916	1.338	1.606	2.781	2.302	2.703
Geographie u. Geschichte					70	682	2.345	2.777	5.165	4.907	4.187
Informatik							26	125	154	457	385
Medizin		2.775	2.777	3.740	4.062	5.301	4.653	6.484	7.497	7.752	8.170
Psychologie								856	1.030	1.931	2.724
Theologie			159	158	114	72	78	96	113	73	98
Tiermedizin		106	128	139	157	195	311	378	482	459	349
Gesamt		11.683	14.440	16.771	18.288	23.522	29.162	34.575	37.814	38.518	40.276

Anmerkung:

1 Ohne Angaben.

10. Absolventen der Fakultäten Studienjahre von 1970/71 bis 1980/81 nach Universitäten

Universitäten \ Studienjahre	1970/71	1971/72	1972/73	1973/74	1974/75	1975/76	1976/77	1977/78	1978/79	1979/80	1980/81
Staatliche:											
Alcalá de Henares										23	112
Alicante								17		94	96
Baleares							17	57	130	157	225
Barcelona (Autónoma)			167	295	721	1.225	1.552	1.834	1.709	1.889	2.193
Barcelona (Central)		1.788	2.423	2.636	2.342	2.769	4.480	4.989	4.857	4.857	5.835
Barcelona (Politécnica)									30	13	9
Cádiz					85	75	79	203		256	292
Córdoba		30	13	29	28	95	188	335	319	408	474
Extremadura			25	30	15	79	80	128	254	319	296
Granada		1.214	1.034	1.135	1.509	1.494	1.544	2.029	1.997	1.928	2.053
La Laguna		187	200	213	314	393	519	676	620	754	826
León		25	22	29	46	69	106	137	75	149	129
Madrid (Autónoma)			543	622	606	845	1.175	1.257	1.628	1.838	1.980
Madrid (Complutense)		2.880	3.745	4.728	5.144	6.557	7.854	7.762	8.595	8.416	8.150
Madrid (Politécnica)								100	65	133	181
Málaga		90	133	91	90	187	311	456	474	528	497
Murcia		180	222	253	265	332	473	593	744	1.117	1.151
Oviedo		299	372	284	407	390	624	743	926	839	931
País Vasco		257	281	469	595	675	974	1.166	1.154	1.173	1.334
Salamanca		423	411	535	505	488	422	1.006	1.158	1.019	1.195
Santander				9		36	68	106	147	167	198
Santiago de Compostela		797	671	873	918	1.111	1.167	1.494	1.723	1.752	1.695
Sevilla		409	883	796	1.012	1.361	1.309	1.901	2.265	1.768	1.919
Valencia		917	938	1.144	1.415	1.693	1.877	2.407	2.612	2.397	3.005
Valencia (Politécnica)			85		104	60	97	54	49	49	64
Valladolid		574	546	733	486	935	1.042	1.263	1.310	1.196	1.329
Zaragoza		735	883	887	765	1.343	1.582	1.877	2.187	2.015	1.200
Zwischenergebnis		10.805	13.597	15.791	17.372	22.212	27.540	32.600	35.028	35.254	37.369
Fernuniversität						2	98	341	548	712	698
Staatliche gesamt		10.805	13.597	15.791	17.372	22.214	27.638	32.941	35.576	35.966	38.067

Nichtstaatliche:											
Comillas (Pontificia) ...									173	209	225
Deusto		393	230	364	344	496	599	715	969	1.255	966
Navarra		342	369	426	398	499	625	649	738	796	771
Salamanca (Pontificia) .		143	244	190	174	313	300	280	358	292	247
Nichtstaatliche gesamt		878	843	980	916	1.308	1.524	1.644	2.238	2.542	2.209
Gesamt		11.683	14.440	16.771	18.288	23.522	29.162	34.575	37.814	38.518	40.276

11. Absolventen der Technischen Hochschulen Studienjahre von 1970/71 bis 1980/81 nach Fachrichtungen

Studienjahre / Fachrichtungen	1970/71[1]	1971/72	1972/73	1973/74	1974/75	1975/76	1976/77	1977/78	1978/79	1979/80	1980/81
Architektur		287	393	598	651	883	1.042	968	669	694	774
Luftfahrt-Ingenieurwesen		89	35	76	79	125	112	103	112	101	84
Landwirtschaft-Ingenieurw.		269	262	270	227	213	196	133	185	188	171
Wege-, Kanäle-, Hafenkunde-Ingenieurwesen		253	209	289	416	322	294	283	286	265	279
Industrie-Ingenieurw.		1.224	1.265	1.783	1.238	1.290	702	1.221	1.155	1.048	800
Untertagebau-Ingenieurw.		44	90	79	94	113	88	90	77	93	79
Bergwerk-Ingenieurw.		24	34	29	35	51	54	39	60	50	53
Schiffahrt-Ingenieurw.		72	66	63	69	68	88	56	88	78	61
Chemie-Ingenieurw.		66	57	68	73	60	64	73	79	72	72
Fernmelde-Ingenieurw.		81	84	96	447	188	286	304	264	284	312
Gesamt		2.409	2.495	3.351	3.329	3.313	2.926	3.270	2.975	2.873	2.685

Anmerkung:

1 Ohne Angaben.

12. Absolventen der Technischen Hochschulen Studienjahre 1970/71 bis 1980/81 nach Universitäten

Universitäten / Studienjahre	1970/71[1]	1971/72	1972/73	1973/74	1974/75	1975/76	1976/77	1977/78	1978/79	1979/80	1980/81
Staatliche:											
Barcelona (Autónoma)		66	57	68	73	60	64	73	79	72	72
Barcelona (Politécnica)		533	617	1.017	680	813	419	852	572	523	276
Córdoba			15	28	37	36	44	47	46	55	26
Madrid (Politécnica)		1.234	1.096	1.326	1.650	1.408	1.571	1.397	1.395	1.360	1.342
Oviedo		33	41	27	49	50	27	34	36	35	38
País Vasco		171	167	185	261	283	211	241	231	214	206
Las Palmas (Politécnica)					22	30	19	23	33	15	39
Santander		15	11	11	50	66	41	41	36	26	27
Santiago de Compostela											4
Sevilla		75	148	128	118	134	107	179	130	174	213
Valencia (Politécnica)		154	166	275	222	285	262	197	163	179	190
Valladolid											38
Zaragoza											41
Zwischenergebnis		2.281	2.318	3.165	3.162	3.165	2.765	3.084	2.750	2.692	2.512
Fernuniversität											8
Staatliche gesamt		2.281	2.318	3.165	3.162	3.165	2.765	3.084	2.750	2.692	2.520
Nichtstaatliche:											
Comillas (Pontificia)		57	60	69	68	54	62	88	122	76	76
Navarra		71	117	117	99	94	99	98	103	105	89
Nichtstaatl. gesamt		128	177	186	167	148	161	186	225	181	165
Gesamt		2.409	2.495	3.351	3.329	3.313	2.296	3.270	2.975	2.873	2.685

Anmerkung:

1 Ohne Angaben.

13. Absolventen der Fachhochschulen Studienjahre von 1970/71 bis 1980/81 nach Fachrichtungen

Fachrichtungen \ Studienjahre	1970/71	1971/72	1972/73	1973/74	1974/75	1975/76	1976/77	1977/78	1978/79	1979/80	1980/81
Architektur u. Techn. Ingenieurwesen	4.612	4.000	5.218	4.720	5.182	5.469	4.886	4.947	4.558	4.639	4.494
Krankenpflege										1.464	4.656
Statistik										11	8
Betriebslehre	785	767	713	688	1.533	1.383	1.667	1.659	1.734	1.951	1.720
Informatik											10
Optik										139	112
Päd. Fachhochsch.	11.378	8.873	11.996	12.229	11.846	14.239	15.959	19.678	22.395	23.764	16.551
Übersetzer und Dolmetscher										32	18
Gesamt	16.775	13.640	17.927	17.637	18.561	21.091	22.512	26.284	28.687	32.000	27.569

14. Vergleich zwischen Spanien und den Ländern der EG

1. Studenten (in Tausend)

	1970/71	1971/72	1972/73	1973/74	1974/75	1975/76	1976/77	1977/78
Alemania Federal	672,5	768,6	839,0	920,6	990,3	1.035,1	1.047,1	1.076,5
Francia	765,9	805,8	854,7	866,3	889,0	941,6	952,4	969,4
Italia	687,1	765,8	808,9	847,3	894,3	944,4	980,9	996,2
Holanda	177,8	193,4	195,7	202,3	205,9	231,4	247,6	261,2
Bélgica	124,9	131,5	141,0	148,6	152,1	158,2	164,4	174,9
Luxemburgo	2,0	2,2	2,3	2,3	2,5	2,7	2,7	2,7
Reino Unido	457,0	472,0	482,0	495,0	496,0	516,0	526,0	520,0
Irlanda	26,2	27,1	28,5	29,6	31,0	32,9	35,0	36,8
Dinamarca	74,5	82,9	92,0	98,2	99,0	102,1	104,1	119,0
España [1]	333,4	369,0	368,6	417,8	464,8	531,8	575,4	642,9

Anmerkung:

1 Ausschließlich Universitäten

15. Vergleich zwischen Spanien und den Ländern der EG
2. Studenten je 10.000 Einwohner

	Studienjahre	
	1970/71	1977/78
Alemania Federal	110,4	175,7
Francia	150,4	182,5
Italia	128,0	175,9
Holanda	135,4	187,8
Bélgica	129,4	177,5
Luxemburgo	59,0	75,6
Reino Unido	82,1	93,2
Irlanda	88,4	114,6
Dinamarca	150,9	233,2
España [1]	98,8	175,3

Anmerkung:

1 Ausschließlich Universitäten.

16. Vergleich zwischen Spanien und den Ländern der EG
3. Zuwachs der Studentenzahlen

	1970/71	1971/72	1972/73	1973/74	1974/75	1975/76	1976/77	1977/78
Alemania Federal	100	114,3	124,7	136,9	147,3	153,9	155,7	160,1
Francia	100	105,2	111,6	113,1	116,1	122,9	124,3	126,8
Italia	100	111,4	117,7	123,3	130,2	137,4	142,8	145,0
Holanda	100	108,8	110,1	113,8	115,8	130,1	139,3	146,9
Bélgica	100	105,3	112,9	119,0	121,8	126,7	131,6	140,0
Luxemburgo	100	110,0	115,0	115,0	125,0	135,0	135,0	135,8
Reino Unido	100	103,3	105,5	108,3	108,5	112,9	115,1	113,8
Irlanda	100	103,4	108,8	113,0	118,3	125,6	133,6	140,4
Dinamarca	100	111,3	123,5	131,8	132,9	137,0	139,7	[2]
España[1]	100	110,7	110,6	125,3	139,4	159,5	172,6	192,3

Anmerkungen:

1 Ausschließlich Universitäten.
2 Nicht vergleichbare Daten.

17. Lehrkräfte der Fakultäten nach Universitäten *

Studienjahre / Universitäten	1970/71	1971/72	1972/73	1973/74	1974/75	1975/76	1976/77	1977/78	1978/79	1979/80
Staatliche:										
Alcalá de Henares									200	223
Alicante										138
Baleares									134	144
Barcelona (Autónoma)		377	381	716	774	850	1.030	1.054	1.133	1.175
Barcelona (Central)		1.477	1.477	1.536	1.650	1.878	2.060	1.856	2.358	2.381
Barcelona (Politécnica)								37	38	44
Cádiz										216
Córdoba			72	100	191	274	362	343	369	410
Extremadura				65	72	181	218	237	286	295
Granada		762	832	923	951	951	1.083	1.091	1.147	1.306
La Laguna		374	374	447	470	571	537	575	686	711
León										184
Madrid (Autónoma)		633	727	790	875	985	1.046	1.117	1.134	1.199
Madrid (Complutense)		3.263	3.068	3.291	3.090	3.454	3.496	3.470	3.972	4.616
Madrid (Politécnica)								120	136	124
Málaga			80	133	222	292	374	435	443	460
Murcia		300	364	390	368	362	402	422	424	489
Oviedo		360	360	631	603	624	820	836	807	614
País Vasco		509	509	509	489	389	559	578	664	777
Las Palmas (Politécnica)										
Salamanca		560	560	706	566	556	702	688	908	937
Santander				97	98	148	148	150	208	206
Santiago de Compostela		637	394	1.053	617	567	662	701	744	902
Sevilla		994	814	965	1.245	909	957	1.026	1.109	933
Valencia		796	854	732	873	996	1.038	1.003	1.113	1.094
Valencia (Politécnica)									39	39
Valladolid		680	772	725	710	687	637	624	541	711
Zaragoza		562	788	870	601	844	894	903	1.058	1.125
Fernuniversität								157	411	'
Staatliche gesamt		12.284	12.426	14.679	14.465	15.518	17.025	17.423	20.062	21.453

Nichtstaatliche:										
Comillas (Pontificia) ...									223	287
Deusto		165	165	259	244	263	252	38	362	345
Navarra		389	400	473	486	438	429	524	524	619
Salamanca (Pontificia) .				143	273	279	279	36	171	291
Nichtstaatliche ges.		554	565	875	1.003	980	960	598	1.280	1.542
Gesamt		12.838	12.991	15.554	15.468	16.498	17.985	18.021	21.342	22.995

* Die Lehrkräfte für Religion, Politische Bildung und Leibesübungen sind in der Tabelle nicht aufgeführt.

Anmerkung:

1 Ohne Angaben.

18. Lehrkräfte der Technischen Hochschulen nach Universitäten*

Universitäten \ Studienjahre	1970/71	1971/72	1972/73	1973/74	1974/75	1975/76	1976/77	1977/78	1978/79	1979/80
Staatliche:										
Barcelona (Autónoma)[1]		57	57	60	57	67	54	66	63	66
Barcelona (Politécnica)		778	612	883	884	971	1.046	1.120	1.140	1.151
Córdoba		134	152	134	120	137	156	156	163	148
La Laguna (Las Palmas)		94	94	136	94	142	155	143	145	133
Madrid (Politécnica)		2.136	2.414	1.968	2.163	1.901	1.765	1.993	1.979	1.991
Oviedo		74	104	115	120	108	117	126	133	140
País Vasco		142	166	152	163	162	156	170	167	176
Santander		81	75	66	66	62	79	88	84	95
Santiago de Compostela						17	37	55	55	58
Sevilla		263	353	310	269	276	259	262	231	240
Valencia (Politécnica)		542	398	374	327	355	392	437	466	485
Valladolid		38	51	57	57	52	56	79	100	100
Zaragoza						27	38	38	85	85
Fernuniversität								22	34	
Staatliche gesamt		4.339	4.476	4.255	4.320	4.277	4.310	4.755	4.845	4.868
Nichtstaatliche:										
Comillas		70	80	94	94	105	100	105	107	105
Navarra		114	114	122	122	99	89	89	108	107
Nichtstaatl. gesamt		184	194	216	216	204	189	194	215	212
Gesamt		4.523	4.670	4.471	4.536	4.481	4.499	4.949	5.060	5.080

* Die Lehrkräfte für Religion, Politische Bildung und Leibesübungen sind in der Tabelle nicht aufgeführt.

Anmerkung:

1 Institut für Chemie in Sarriá (nichtstaatliche Einrichtung)

19. Lehrkräfte der Fakultäten nach Fachrichtungen*

Studienjahre / Universitäten	1970/71	1971/72	1972/73	1973/74	1974/75	1975/76	1976/77	1977/78	1978/79	1979/80
Staatliche:										
Bildende Künste									160	219
Naturwissenschaften		3.263	3.268	3.899	2.228	2.520	2.769	2.786	2.591	2.656
Biologie					264	301	389	445	639	678
Physik					211	219	252	161	364	375
Geologie					134	137	193	145	149	148
Mathematik					189	188	194	295	395	424
Chemie					467	526	718	658	962	973
Ökonomie u. Betriebslehre		1.430	1.137	1.100	1.143	1.191	1.306	1.514	1.698	1.922
Informationswissensch.			99	233	122	259	334	313	351	382
Politologie u. Soziologie			230	250	244	342	270	294	286	285
Recht		1.570	1.418	1.508	1.547	1.447	1.576	1.786	1.660	1.888
Pharmazie		566	547	538	665	774	961	950	1.049	1.091
Philosophie u. Literaturwissensch.		2.715	2.633	3.423	2.685	2.035	2.115	1.893	1.793	2.187
Philosophie u. Erziehungswissenschaften					16	430	515	505	648	665
Philologie					194	558	515	565	789	831
Geographie u. Geschichte					186	460	489	613	753	841
Medizin		2.617	3.149	3.746	3.842	3.690	4.050	3.756	5.011	5.082
Informatik								183	200	200
Psychologie								149	147	183
Tiermedizin		432	394	357	328	358	379	412	417	423
Staatliche gesamt		12.503	12.875	15.054	14.465	15.435	17.025	17.423	20.062	21.453

Nichtstaatliche:										
Naturwissenschaften		80	71	71						
Biologie					54	58	41	55	60	64
Physik					32	15	15	24	17	12
Ökonomie u. Betriebslehre				41	41	49	40	38	152	151
Informationswissensch.			40	36	39	39	30	38	35	41
Politologie u. Soziologie				39	37	43	43	36	58	69
Recht		141	136	151	142	146	142	62 [2]	214	216
Kanonisches Recht				62	59	44	40	22	33	45
Pharmazie		59	61	56	49	38	41	64	53	90
Philosophie u. Literaturwissensch.		188	184	290	380	403	404	114 [2]	249	372
Philologie									99	36
Informatik									32	33
Medizin		107	105	101	97	85	90	93	100	112
Theologie				72	73	60	74	52	178	301
Nichtstaatliche gesamt		575	597	919	1.003	980	960	598	1.280	1.542
Gesamt		13.168 [1]	13.472 [1]	15.973 [1]	15.468	16.418 [3]	17.985	18.021	21.342	22.995

* Die Lehrkräfte für Religion, Politische Bildung und Leibesübungen sind in der Tabelle nicht aufgeführt.

Anmerkungen:

1 Die Lehrkräfte für Religion, Politische Bildung und Leibesübungen inbegriffen. Ohne diese = 12.769 1971/72; 12.991 1972/73; 15.554 1973/74.

2 Unvollständige Daten.

3 Mit 83 aus der Universität Alcalá, die nicht dazugerechnet wurden, sind es 16.498.

20. Lehrkräfte der Technischen Hochschulen nach Fachrichtungen*

Universitäten / Studienjahre	1970/71	1971/72	1972/73	1973/74	1974/75	1975/76	1976/77	1977/78	1978/79	1979/80
Staatliche:										
Architektur		831	986	822	842	897	1.014	1.090	1.118	1.126
Luftfahrt-Ingenieurwesen		174	181	153	158	162	166	164	165	161
Landwirtschaft-Ingenieurw.		636	680	577	558	539	399	593	592	585
Wege-, Kanäle-, Hafenk.-Ingenieurw.		474	585	530	422	561	591	606	568	585
Industrie-Ingenieurw.		1.244	1.157	1.407	1.234	1.280	1.287	1.412	1.538	1.478
Untertagebau-Ingenieurw.		186	240	209	261	239	238	254	258	252
Bergwerk-Ingenieurw.		159	184	127	131	133	136	136	132	141
Schiffahrt-Ingenieurw.		127	120	124	113	117	120	111	130	128
Chemie-Ingenieurw.[2]		57	57	60	57	67	54	66		66
Fernmelde-Ingenieurw.		244	286	246	544	282	305	323	344	346
Staatliche gesamt		4.339[1]	4.476	4.255	4.320	4.277	4.310	4.755	4.845	4.868
Nichtstaatliche:										
Architektur		39	41	44	44	44	42	42	52	55
Elektromechanik		70	80	94	94	105	100	105		
Industrie-Ingenieurw.		75	73	78	78	55	47	47	163	157
Nichtstaatliche gesamt		184	194	216	216	204	189	194	215	212
Gesamt		4.523[1]	4.670	4.471	4.536	4.481	4.449	4.949	5.060	5.080

* Die Lehrkräfte für Religion, Politische Bildung und Leibesübungen sind in der Tabelle nicht aufgeführt.

Anmerkungen:

1 207 Lehrkräfte der Universität Politécnica Valencia inbegriffen.
2 Institut für Chemie in Sarriá.

21. Lehrkräfte der Fachhochschulen nach Fachrichtungen

Fachhochschulen / Studienjahre	1971/72	1975/76	1977/78	1979/80
Staatliche:				
Architektur u. techn. Ingenieurwesen	3.564	3.907	3.934	3.826
Päd. Hochschulen (alle Institutionen)	2.119	2.873	3.318	3.587
Krankenpflege	•	•	•	1.680
Betriebslehre			796	1.013
Informatik				30
Statistik				27
Übersetzer u. Dolmetscher				40
				47
Staatliche gesamt	5.683	6.780	8.048	10.280
Nichtstaatliche:				
Architektur u. techn. Ingenieurwesen		73	68	65
Päd. Hochschulen				20
Krankenpflege				30
Nichtstaatliche gesamt		73	68	115
Gesamt	5.683	6.853	8.116	10.395

* Die Schulen für medizinisch-technische Hilfen inbegriffen.

22. Lehrkräfte der Fakultäten und Technischen Hochschulen nach Kategorien Studienjahr 1971/72

Kategorien / Universitäten	Gesamt	Professoren	Assoziierte Professoren	Assistenz-Professoren	Gesamt LmW[3]	Hilfsassistenten	Werkstattleiter	Mitarb. der Prof.	Laborleiter	Andere	Gesamt LoW[4]
Staatliche:											
Barcelona (Autónoma)[1]	434	39	15	184	238	188		3	5		196
Barcelona (Central)	1.477	146	72	508	726	644		107			751
Barcelona (Politécnica)	778	72	14	94	180	124	56		30	338	548
Córdoba[2]	134	24	3	26	53	55	12	7	4	3	81
Granada	762	81	41	252	374	375			12	1	388
La Laguna	468	47	27	225	299	150	17		2		169
Madrid (Autónoma)	633	47	32	299	378	139	5	10		101	255
Madrid (Complutense)	3.263	268	143	1.151	1.562	1.701					1.701
Madrid (Politécnica)	2.136	251	176	282	709	701	216	75	122	313	1.431
Murcia	300	40	20	150	190	110					110
Oviedo	434	81	23	172	276	146	10		2		158
País Vasco	651	54	40	282	376	249	19		4	3	275
Salamanca	560	67	25	191	283	243			34		277
Santander[2]	81	29	4	23	56	23			2		25
Santiago de Compostela	637	71	33	294	398	239					239
Sevilla	1.257	152	48	401	601	369	12	11	227	37	656
Valencia	796	66	26	292	384	317			95		412
Valencia (Politécnica)	542	57	8	232	297	108	33		16	88	245
Valladolid	718	70	46	183	299	73		308		38	419
Zaragoza	562	74	15	191	280	267			15		282
Staatliche gesamt	16.623	1.736	811	5.412	7.959	6.221	380	521	570	972	8.664
Nichtstaatliche:											
Navarra	668	100	118	127	345	224	9	2	53	35	323
Comillas	70	23	20	15	58	7	5				12
Nichtstaatl. gesamt	738	123	138	142	403	231	14	2	53	35	335
Gesamt	17.361	1.859	949	5.554	8.362	6.452	394	523	623	1.007	8.999

Anmerkungen:

1 57 Lehrkräfte des Instituts für Chemie aus Sarriá (eine nichtstaatliche Einrichtung) inbegriffen.
2 Gegründet 1972.
3 Lehrkräfte mit Lehrverantwortung.
4 Lehrkräfte ohne Lehrverantwortung.

23. Lehrkräfte der Fakultäten und Technischen Hochschulen nach Kategorien Studienjahr 1975/76

Kategorien / Universitäten	Gesamt	Professoren	Assoziierte Professoren	Assistenz-Professoren	Lehrbeauftragte	Gesamt LmW[1]	Hilfsassistenten	Werkstattleiter	Laborleiter	Mitarb. der Professoren	Mit besond. Aufträgen	Andere	Gesamt LoW[2]
Staatliche:													
Barcelona (Autónoma)	917	64	127	170	277	638	263			8	2	6	279
Barcelona (Central)	1.878	158	114	379	453	1.104	756			9	8	1	774
Barcelona (Politécnica)	971	103	51	165	536	855	35	75	2		2	2	116
Córdoba	411	54	43	115	36	248	129	22		10	1	1	163
Extremadura	181	21	21	47	4	93	74				14		88
Granada	951	110	98	233	109	550	388	2	1		10		401
La Laguna	713	43	72	119	214	448	202	3	3	56	1		265
Madrid (Autónoma)	985	76	88	301	8	473	219			32	261		512
Madrid (Complutense)	3.454	283	214	795	759	2.051	1.364			15	22	2	1.403
Madrid (Politécnica)	1.901	248	17	411	905	1.581	55	221	7		31	6	320
Málaga	292	16	36	73	39	164	121			7			128
Murcia	362	43	35	82	47	207	153			2			155
Oviedo	732	89	63	164	73	389	298	9	2	3	5	26	343
País Vasco	551	65	46	119	225	455	76	20					96
Salamanca	556	86	53	149	50	338	218						218
Santander	210	28	22	32	21	103	60			46		1	107
Santiago de Compostela	584	76	73	200	50	399	162	1		11	111		185
Sevilla	1.185	159	93	259	202	713	433	22	1	12	4		472
Valencia	996	76	79	234	156	545	424	1	1	25			451
Valencia (Politécnica)	355	36	62	85	126	309		42			1	3	46
Valladolid	739	72	59	172	73	376	347		1	15			363
Zaragoza	871	74	46	182	62	364	491			13	3		507
Fernuniversität	260	29	24	74	4	131	129						129
Kollegs	2.009	119	154	748		1.021	446		69		467	6	988
Staatliche gesamt	22.064	2.128	1.690	5.308	4.429	13.555	6.843	418	87	264	843	54	8.509

Nichtstaatliche:													
Comillas	105	22	8	4	24	58	18	5	6	12		6	47
Navarra	800	110	79	194	106	235	214	9	2	9	72	5	83
Salamanca (Pontificia)	279	31	15	97	50	254	53				33		228
Nichtstaatliche gesamt	1.184	163	102	295	180	193 740	285	14	8	21	105	11	86 444
Gesamt	23.248	2.291	1.792	5.603	4.609	14.295	7.128	432	95	285	948	65	8.853

Anmerkungen:

1 Lehrkräfte mit Lehrverantwortung.
2 Lehrkräfte ohne Lehrverantwortung.

24. Lehrkräfte der Technischen Hochschulen nach Kategorien Studienjahr 1979/80

Kategorien / Universitäten	Gesamt	Professoren	Assoziierte Professoren	Assistenz-Professoren	Lehrbeauftragte	Gesamt LmW[1]	Hilfsassistenten	Werkstattleiter	Andere	Gesamt LoW[2]
Staatliche:										
Alcalá de Henares	223	25	18	66	23	132	91			91
Alicante	138	2	11	17	13	43	7		88	95
Baleares	144	11	14	34	57	116	28			28
Barcelona (Autónoma)	1.241	73	115	272	308	768	391		82	473
Barcelona (Central)	2.381	179	140	547	638	1.504	877			877
Barcelona (Politécnica)	1.195	106	66	233	625	1.030	61	99	5	165
Cádiz	216	20	19	45	6	90	70		56	126
Córdoba	558	54	58	144	27	283	205	25	45	275
Extremadura	295	19	43	102	19	183	112			112
Granada	1.306	94	100	275	141	610	577		119	696
La Laguna	711	55	71	176	196	498	213			213
León	184	14	17	42	2	75	74		35	109
Madrid (Autónoma)	1.119	93	129	341	287	850	284		65	349
Madrid (Complutense)	4.616	294	274	950	864	2.382	1.637		597	2.234
Madrid (Politécnica)	2.115	237	75	452	1.026	1.790	86	230	9	325
Málaga	760	29	53	113	56	251	204		5	209
Murcia	489	52	61	148	63	324	165			165
Oviedo	754	82	73	164	118	437	302	13	2	317
País Vasco	953	98	102	212	297	703	152	20	72	244
Las Palmas (Politécnica)	133	5	16	25	73	119	9	5		14
Salamanca	937	79	94	214	76	463	460		14	474
Santander	301	33	38	84	23	172	119	4		123
Santiago de Compostela	960	91	104	263	80	533	226		196	422
Sevilla	1.173	153	101	265	163	682	434	25	32	491
Valencia	1.094	89	100	280	133	602	425		67	492
Valencia (Politécnica)	524	61	64	102	162	389	56	58	21	135
Valladolid	811	74	69	176	94	413	322		76	398
Zaragoza	1.210	93	106	252	70	521	540		149	689
Fernuniversität	•									
Staatliche gesamt	26.321	2.215	2.131	5.994	5.640	15.980	8.127	479	1.735	10.341

Nichtstaatliche:										
Comillas	392	89	27	22	35	173	145		74	219
Deusto	345	114	11	28	164	317	28			28
Navarra	726	118	58	148	28	352	173		201	274
Salamanca (Pontificia)	291	125	153			273	13			13
Nichtstaatliche gesamt	1.754	446	249	198	227	1.120	359		275	634
Gesamt	28.075	2.661	2.380	6.192	5.867	17.100	8.486	479	2.010	10.975

* Ohne Angaben.

Anmerkungen:

1 Lehrkräfte mit Lehrverantwortung.
2 Lehrkräfte ohne Lehrverantwortung.

BIBLIOGRAPHIE

Heine, Hartmut: Spanische Geschichte von 1400-1800. München: C.H. Beck 1984.

Jiménez, Alberto: Historia de la universidad española (Geschichte der spanischen Universität). Madrid: Alianza Editorial 1971, S. 58.

Madariaga, Salvador de: España. 7. Auflage. Buenos Aires: Sudamérica 1964.

Historia de la Educación en España. Hrsg.: Ministerio de Educación y Ciencia 1982.

Montoro Romero, Ricardo: La universidad en la España de Franco (1939/1970) (Die Universität in Francos Spanien 1939-1970). Centro de investigaciónes sociologicas. Colección Monografias Nr. 39.

París, Carlos: La universidad española actual: Posibilidades y Frustraciónes (Die spanische Universität der Gegenwart: Möglichkeiten und Frustrationen.) Madrid: Editorial Cuadernos para el diálogo 1974.

Peset, Mariano; José Luis: La Universidad española (Siglos XVIII y XIX). Madrid: Taurus 1974.

Puelles Benítez, Manuel de: Educación e ideología en la España contemporánea (Bildung und Ideologie im gegenwärtigen Spanien). Barcelona: Editorial Labor 1980, S. 24.

Sáinz de Zúñiga, Ajo: Historia de las universidades Hispanicas (Geschichte der hispanischen Universitäten). Madrid: Ed. La Normal 1957.

Turin, Ivonne: L'éducation et l'école en Espagne de 1874 à 1902. Libéralisme et tradition. Presses Universitaires de France 1959.